LA LIBRAIRIE DU XXIe SIÈCLE

Collection
dirigée par Maurice Olender

Milad Doueihi

Pour un humanisme numérique

Éditions du Seuil

ISBN 978-2-02-100089-4

www.seuil.com

[…] Je l'ai déjà dit, les mots, de par la nature que nous leur reconnaissons, méritent de jouer un rôle autrement décisif.

André Breton, *Introduction au Discours sur le peu de réalité*

Pourquoi un humanisme numérique ?

Pourquoi un humanisme numérique ? Non par goût de la provocation mais plutôt par souci de réalisme. Cet humanisme qui donne son titre à cet essai n'est point l'expression d'une volonté archaïque ni d'une quelconque nostalgie de l'antique, d'une époque supposée plus stable, plus sereine et plus cohérente. L'humanisme numérique est au contraire le résultat d'une convergence entre notre héritage culturel complexe et une technique devenue un lieu de sociabilité sans précédent. D'une convergence qui, au lieu de simplement renouer l'antique et l'actuel, redistribue les concepts, les catégories et les objets, comme les comportements et les pratiques qui leur sont associés, dans un environnement nouveau. L'humanisme numérique est l'affirmation que la technique actuelle, dans sa dimension globale, est une culture, dans le sens où elle met en place un nouveau contexte, à l'échelle mondiale, et parce que le numérique, malgré une forte composante technique qu'il faut toujours interroger et sans cesse surveiller (car elle est l'agent d'une volonté économique[1]), est devenu une civilisation qui se distingue par la

1. Pour une analyse de cette réalité économique, voir le livre de Joël Faucilhon, *Rêveurs, Marchands et Pirates. Que reste-t-il du rêve de l'Internet ?*, Le Pré-Saint-Gervais, Le Passager clandestin, 2010. Voir aussi l'essai de Yochai Benkler, *La Richesse des réseaux*, Lyon, Presses universitaires de Lyon, 2009.

manière dont elle modifie nos regards sur les objets, les relations et les valeurs, et qui se caractérise par les nouvelles perspectives qu'elle introduit dans le champ de l'activité humaine.

Cette dimension culturelle est évidente dans la crise actuelle de certains de nos objets les plus classiques. En premier lieu, les objets hérités de la culture de l'imprimé et du livre, avec leur support complexe et multiple, leur matérialité, sont aujourd'hui confrontés aux réalités des pratiques et des contraintes de l'environnement numérique. Si le livre comme objet résiste, la culture du livre et de l'imprimé est en crise en grande partie à cause des pratiques courantes et quasi naturelles dans l'environnement numérique[1]. La convergence entre la technique et l'héritage culturel nécessite une remise en question des valeurs attachées à des pratiques éditoriales et juridiques ancrées dans une tradition avec un poids économique important, une fonction symbolique puissante et un rôle politique majeur. Car les objets sont aussi associés à des institutions qui sont des lieux de production, de transmission et de préservation du savoir. Et la fragilisation actuelle de ces objets implique une déstabilisation de ces espaces lettrés et savants, de même que leur soumission aux pressions suscitées par les modèles de la production du savoir inhérente à l'environnement numérique. Ainsi, la mutation induite par le numérique touche d'abord à la stabilité de cet espace dans toute sa diversité. Qu'il s'agisse de l'institution et de ses extensions (université, édition, revues scientifiques, etc.) ou des archives (bibliothèques), la culture numérique transforme les pratiques courantes et

1. Nous nous permettons de renvoyer ici à notre essai consacré au livre, « Le livre à l'heure du numérique : objet fétiche, objet de résistance », *Les Cahiers de la librairie*, n° 7, « Qu'est-ce qu'un livre aujourd'hui ? », 2009, p. 20-28 ; essai reproduit dans *Read/Write Book*, textes réunis par Marin Dacos, CLEO, 2009, p. 109-120.

risque de modifier la nature même des objets de notre savoir comme de l'espace censé les accueillir et les faire circuler. Cette dimension spatiale est essentielle, voire déterminante, car elle participe d'une manière remarquable à ce bouleversement général qui semble caractériser notre aventure numérique.

Le sacre de l'hybride

On a trop longtemps insisté sur la dimension temporelle de la culture numérique, sur sa tendance à accélérer nos échanges, nos communications, et à nous soumettre à une sorte de tyrannie de l'immédiat et de l'instantané. Une série d'analyses et d'essais nous met en garde contre un absolutisme montant, agencé par les outils et par la temporalité qu'ils semblent imposer : celle de l'instantanéité, de l'immédiateté et surtout de l'accélération du rythme de notre vie quotidienne, de nos décisions et de nos réflexions[1]. Cette mise en relief de la temporalité de la vie moderne, sous l'emprise des outils numériques et de leur sociabilité, ne fait que traduire un malaise, un souci et, en fin de compte, une peur habitée par la nostalgie. Malaise face à un changement presque sans précédent, qui touche à tous les aspects de nos vies, individuels et collectifs ; souci exprimant un désarroi au nom de l'humain, ou d'une certaine conception de l'humain ancrée dans des pratiques culturelles, lettrées et savantes (elles-mêmes héritières du XIXe siècle et de ses valeurs) et dans des formes d'expression fragilisées par la culture numérique, devant le spectacle d'un chaos, sans critères ni repères ; et surtout, dit-on, peur d'une convergence entre homme et

1. Pour ne donner qu'un exemple récent, voir la traduction du livre de Hartmut Rosa, *Accélération. Une critique sociale du temps*, Paris, La Découverte, 2010.

machine, entre les humains et le réseau, à une échelle sans pareille. Si ces réactions nous semblent exagérées, elles témoignent néanmoins de la réalité d'un changement radical dans notre vécu quotidien[1] comme dans notre culture. Ces inquiétudes traduisent aussi une réaction conservatrice, souvent nostalgique, qui voit dans la conversion numérique un clivage entre les modèles relativement stables hérités des deux derniers siècles, en tout cas dans notre Occident, et qui forment le support d'authenticité, de légitimité et de pertinence de notre savoir et de ses manifestations symboliques. Mais il faut surtout rappeler que la conversion numérique modifie, plus encore que la temporalité, l'espace. Son originalité même dérive en grande partie de la spatialité naissante qu'elle met en œuvre. C'est dans ce sens qu'elle réinvente notre quotidien, avec ses espaces habitables, ses modèles de communication et ses valeurs.

Cette tendance, certes présente mais non pas nécessairement aussi dangereuse qu'on se la représente, incarne les tensions qui résultent de la convergence entre les contraintes des plates-formes*[2] techniques, de leur capacité d'imposer des formes de comportement émanant de leur potentiel, et la temporalité associée aux objets et aux moyens d'une autre culture, voire d'une autre civilisation. Ce constat met en évidence les difficultés de notre actualité hybride : à la fois ancienne et moderne, à la fois numérique et « classique ».

Le numérique interroge donc nos objets premiers, ceux du savoir, du politique et du social. Il le fait par un double jeu : tout d'abord, il semble s'approprier ces objets culturels tout en les faisant circuler dans un nouveau contexte et surtout

1. On est tenté de parler d'une réinvention du quotidien, en hommage à l'essai de Michel de Certeau *et al.*, *L'Invention du quotidien*, Paris, Gallimard, 1990 (nouv. éd.). Voir aussi Michel de Certeau et Luce Giard, *L'Ordinaire de la communication*, Paris, Dalloz, 1983.

2. Les mots suivis d'un astérisque à leur première occurrence sont expliqués dans le glossaire en fin d'ouvrage.

en modifiant leurs propriétés, puis il introduit de nouveaux objets inédits ou, du moins, différents. Ce double rapport explique en partie la familiarité rassurante du monde numérique, mais aussi sa dimension parfois aliénante. Le numérique représente le triomphe de l'hybridation généralisée aux objets et aux pratiques. Mais cette hybridation voile le fait que l'objet numérique est tout autre : il appartient à un nouveau paradigme dans lequel l'apparence n'est qu'un leurre, parfois même un piège, et où tout, ou presque tout, est convertible. Cette convertibilité touche à la personne et à ses représentations, à l'identité et aux objets. D'où le rôle essentiel, dans le cadre de l'environnement numérique et de ses négociations avec l'héritage des objets classiques, des formats et de l'interopérabilité. Les formats, en évolution continue, représentent, du point de vue de la technique, les assises de l'identité dans la culture numérique, et l'interopérabilité la liberté d'expression et de circulation.

Dans ce contexte, l'imprimé, par contraste, tire en grande partie sa force et sa stabilité de l'usage, inscrit à la fois dans la loi et les pratiques et dans la matérialité même, de sa fixité : fixité de l'objet, fixité des supports, et fixité relative des concepts opérateurs. Le numérique, par contre, semble voué à la variation et à la diversification : en principe, tout fichier peut être facilement converti en plusieurs formats tout en gardant, du point de vue de l'usager, la même apparence et les mêmes propriétés. Pour apprécier les promesses du numérique, comme ses défis, il nous faut prendre au sérieux cette différence radicale dans toute sa portée, car elle touche à tous les aspects de notre culture, une culture de l'échange, qui se nourrit d'information et de savoir. La culture numérique nous incite à considérer ces objets comme des « êtres culturels », pour reprendre la belle expression d'Yves Jeanneret[1],

1. *Penser la trivialité*, vol. I, *La Vie triviale des êtres culturels*, Paris, Hermès Lavoisier, 2008.

avec leur dynamique propre, leur intelligence et même leur autonomie. Souvent, ces nouveaux objets, comme on le verra dans le cas de l'amitié* et de la sociabilité numériques, sont formés à partir de données liées à la présence dans l'espace hybride (repères du lieu et du temps associés à une propriété technique et à une disponibilité dans le cadre de l'environnement numérique), entre le numérique et le vécu ou le réel. Ainsi, pour ne prendre qu'un exemple, la géolocalisation* a donné lieu, grâce à la convergence de deux techniques, le réseau et la téléphonie mobile, à une série de nouvelles applications et promet même un nouveau paradigme baptisé « réalité augmentée*[1] ». L'importance de ces nouveaux objets réside en grande partie dans leur autonomisation croissante, ancrée dans leur capacité à communiquer entre eux sans intervention humaine. Cette dimension de l'Internet des objets[2], de ces vases communicants associant représentation de la personne, localisation dans l'espace et propriétés des outils à la transmission des données, a des effets structurants sur les comportements comme sur la valeur de l'information qui circule dans l'espace hybride de la sociabilité numérique. Celle-ci implique aussi la nécessité d'une interrogation critique sur les modalités de la gestion de l'identité, de la réputation* et sur les contrôles associés aux outils techniques.

Plus encore, ces objets, dans le cadre de l'environnement numérique, nous mettent devant un fait : la nécessité de

1. « La réalité augmentée désigne les systèmes informatiques qui rendent possible la superposition d'un modèle virtuel 3D ou 2D à la perception que nous avons naturellement de la réalité et ceci en temps réel. [...] Elle s'applique aussi bien à la perception visuelle (superposition d'image virtuelle aux images réelles) qu'aux perceptions proprioceptives comme les perceptions tactiles ou auditives » (http://fr.wikipedia.org/wiki/R%C3%A9alit%C3%A9_augment%C3%A9e).

2. Pour une définition de l'Internet des objets, voir <http://fr.wikipedia.org/wiki/Internet_des_objets>.

revisiter l'héritage ambivalent des Lumières. Cet héritage semble autoriser au moins deux tendances contradictoires, ancrées, l'une, dans l'accomplissement de la culture du livre et de ses institutions (l'université, l'édition, la presse), l'autre, dans l'idéalisme du libre partage et de la circulation du savoir. Ces deux tendances ne sont pas seulement des vecteurs conflictuels, elles sont aussi et surtout des choix à la fois esthétiques et poétiques, économiques et politiques. Elles convergent d'une manière spectaculaire dans les conflits actuels concernant l'organisation de l'espace du savoir dans nos cultures et les nouveaux modèles de l'accès à la culture.

Mais l'héritage des Lumières nourrit aussi un autre conflit, celui de l'autonomie et de la liberté de l'individu à l'ère du numérique. Cette dimension, à la fois existentielle et philosophique, touche à la transformation de l'humain en un objet numérique, mais aussi en un objet du numérique, c'est-à-dire en un être culturel numérique, convertible, extensible et capable de circuler de manières inédites grâce à la convergence de la technologie et du corps. Le numérique met en évidence un fait souvent occulté : les héritages conflictuels des Lumières. Pour cette raison, l'humanisme numérique ne peut que dialoguer avec les discours transhumanistes*, dans toute leur diversité, afin de mieux saisir les enjeux comme les problèmes soulevés par une telle approche de la culture numérique et de la culture tout court. Là encore, les utopies comme les pragmatismes transhumanistes s'inspirent largement et librement des idées des Lumières, d'une certaine réception des Lumières et de leurs convergences avec les discours à la fois scientifiques, religieux et littéraires (surtout en science-fiction).

Ces premières observations permettent de cerner l'humanisme numérique tel qu'il est conçu dans cet essai. Nous sommes tellement habitués à associer l'humain au langage que nous oublions souvent que le premier est également caractérisé par la façon dont l'homme habite et investit l'espace[1]. Or il semble, suite aux urbanistes mais aussi à quelques mythes fondateurs de nos cultures, que le propre de l'homme soit aussi sa manière de façonner l'espace, de le transformer en sphère du vécu et lieu de sociabilité[2]. L'humanisme numérique est ainsi l'expression de cet urbanisme virtuel naissant, de ce rapport, porté par l'architecture* (dans tous les sens du terme), de l'homme à son environnement. La culture numérique incarne le triomphe de l'espace hybride, du passage continuel entre le réel et le virtuel, entre le concret et l'imaginaire modifié par les évolutions de l'environnement numérique. Frontières et seuils, espaces intimes ou réservés aux cultes, espaces de savoir ou espaces ludiques, bref, espaces marqués par des usages et habités par des pratiques, tel est le paysage de notre urbanisme virtuel. Des espaces symboliques, donc, avec leur esthétique et leur éthique. Dans cette perspective, le numérique consacre l'hybride comme l'aboutissement de notre culture – mais c'est un hybride qui définit et fait surgir de nouveaux paysages et une nouvelle économie, au sens large du terme.

Augmentation et immersion

S'il est vrai que l'homme est aussi un « être spatial », nous vivons actuellement l'émergence d'un nouvel urbanisme virtuel, avec son architecture, son esthétique, ses valeurs, sa littérature. Un urbanisme hybride, donc, habité par des traces,

1. Les architectes et les urbanistes le savent bien. Voir, par exemple, Michel Lussault, *L'Homme spatial*, Paris, Seuil, 2007 ; et Michel Lussault *et al.*, *Habiter, le propre de l'humain*, Paris, La Découverte, 2007.

2. Pour les mythes fondateurs et leurs rapports déterminants avec l'espace, voir surtout les travaux de Marcel Detienne, en particulier *Apollon, le couteau à la main*, Paris, Gallimard, 1998 ; et M. Detienne *et al.*, *Tracés de fondation*, Louvain, Peeters, 1990.

des bribes de documents, des fragments, mais aussi animé par la voix et le corps, par une temporalité autre. Dans cet urbanisme, il faut le rappeler, les plates-formes sont essentielles, non pas parce qu'elles gèrent l'accès et le stockage, mais parce qu'elles sont devenues, grâce aux activités des usagers (peut-être devrions-nous modifier nos pratiques et ne plus parler d'« utilisateurs » mais tout simplement d'« humains »[1]), des lieux de convergence entre information, communication, savoir et sociabilité. L'urbanisme virtuel est le site de la culture anthologique naissante, de cette culture à la fois lettrée et populaire, savante et amatrice. Il est aussi le moteur de la réalité augmentée, cette Terre promise de la convergence et de la mobilité, des mondes virtuels et des savoirs disponibles et accessibles. « Augmentation » et « immersion » sont les mots-clés de cette nouvelle réalité qui se décline, au fur et à mesure, à travers une réinvention des interfaces, une redistribution de l'information et du savoir, et dont l'orientation actuelle implique un changement profond. L'urbanisme virtuel nous fait voir une réalité hybride : c'est comme si tout devenait ou était en train de devenir information et que, au lieu que nous soyons pour y accéder limités à des espaces et lieux restreints, c'était le monde lui-même, celui de notre quotidien et de ses objets les plus banals, qui devenait l'interface privilégiée. Dans le passé, le numérique servait la fonction d'une interface aux données et à l'information par exemple, un distributeur de billets. Alors qu'il y a peu les interfaces permettaient l'usage de tel ou tel service (bancaire ou autre), aujourd'hui c'est le monde en son entier qui s'est transformé en une interface donnant accès à des activités numériques. La numérisation croissante et l'explosion exponentielle de notre production numérique

1. Voir, à ce sujet, le billet récent de Tim Bray, « No more users », <http://www.tbray.org/ongoing/When/201x/2010/10/30/No-More-Users>.

ne font qu'accélérer le mouvement. Par ce changement dans les modalités d'accès, le vécu même de notre quotidien numérique est modifié.

Une autre dimension de cet urbanisme virtuel est à retenir. Il s'agit du statut et de la position du corps dans l'environnement numérique, du corps tel quel comme du corps hybride, partagé entre le réel et le virtuel. Il faut ici reprendre certaines des observations de Marcel Mauss dans son essai de 1936, « Les techniques du corps »[1]. Les travaux de Mauss montrent qu'il existe un lien déterminant entre les techniques du corps, c'est-à-dire la manière dont le corps se déploie dans l'espace social, et la nature et la fonction des objets culturels produits dans cet espace. Dans ce contexte, on peut dire que la culture numérique est en pleine évolution. Jusqu'à présent, elle a été une culture assise, une culture du bureau et de la chaise (rappelons-nous les métaphores premières de l'ère de l'informatique, comme « souris », « page », etc.), alors qu'elle est en train de se transformer en une culture mobile. Ce passage de la fixité vers la mobilité semble accompagner l'hybridation à la fois des objets et de l'espace. C'est un passage qui décrit surtout le passage de l'informatique vers le numérique. L'informatique était caractérisée par des manipulations relativement restreintes, ancrées dans le calcul et un accès complexe à la machine, alors que le numérique est une partie intégrante de notre quotidien, avec des accès souples et multiples. Il s'ensuit que les pratiques culturelles sont également modifiées : écriture, lecture et communication, mais aussi perceptions et évaluations de nos activités.

1. Marcel Mauss, « Les techniques du corps », *Journal de psychologie*, XXXII, 3-4, mars-avril 1936. Le texte reproduit une communication présentée à la Société de psychologie en 1934 ; nous le citons d'après l'édition électronique disponible dans la collection « Les Classiques des sciences sociales », <http://www.uqac.uquebec.ca/zone30/Classiques_des_sciences_sociales/index.html>.

Mauss évoque, pour illustrer son analyse, une sorte de révélation née d'une observation dans un hôpital américain : « Une sorte de révélation me vint à l'hôpital. J'étais malade à New York. Je me demandais où j'avais déjà vu des demoiselles marchant comme mes infirmières. J'avais le temps d'y réfléchir. Je trouvai enfin que c'était au cinéma. Revenu en France, je remarquai, surtout à Paris, la fréquence de cette démarche ; les jeunes filles étaient Françaises et elles marchaient aussi de cette façon. En fait, les modes de marche américaine, grâce au cinéma, commençaient à arriver chez nous. C'était une idée que je pouvais généraliser[1]. » Dans l'observation de Mauss, la technologie (le cinéma) joue un rôle essentiel : elle transmet une technique du corps, incite à une imitation et modifie la culture locale en fonction de la présence et de l'accessibilité de l'outil technique et de ses effets sur le corps et sur les valeurs culturelles. La familiarité, l'uniformité des pratiques et des comportements sont ici en noyau identifiées dans les rapports entre les spécificités culturelles et le pouvoir de la technique de communication (dans ce cas précis, le film) de les transformer et d'hybrider les cultures[2]. Mais, au-delà de cette performativité de la technique, il nous faut en retenir aussi les effets de contagion et de mobilité actuels.

Les développements récents alimentent cette évolution et accélèrent une réinsertion des sens et du corps au sein de l'environnement numérique. Ici, l'importance du tactile est de premier ordre, car, grâce à l'iPhone et à ses nombreuses copies, la culture de l'écran est radicalement transformée. Au regard lecteur se joignent le toucher et la manipulation tactile. Modifier une image avec ses doigts inaugure une

1. *Ibid.*

2. On est tenté de voir dans les observations de Mauss une première explication ethnologique de la réception de l'américain comme une *lingua franca*, de l'ère du cinéma jusqu'à nos jours. La technique est inséparable de la culture ; elle forme le corps comme les objets culturels.

nouvelle ère dans nos rapports avec l'image et les représentations dans le monde numérique. Les fonctions lecteur et spectateur sont ainsi soumises à une nouvelle réalité qui permet, à travers le corps, de concrétiser désirs et volonté. Le toucher devient l'expression directe à la fois d'une forme de compétence simplifiée mais puissante et d'une nouvelle intimité entre l'humain et les objets culturels dans leur forme numérique. La virtualisation du clavier permet – pour rester encore un instant avec les nouvelles interfaces du tactile – un accès facile à des outils capables d'agencer un multiculturalisme et un plurilinguisme dans un contexte souvent décrié pour son uniformité et ses tendances normatives. Le toucher signifie en effet le passage vers un nouveau réseau qui a ses origines dans la réalité du corps comme interface et comme site physiologique de communication[1].

Ces mêmes supports qui ont porté le tactile ont permis la recherche par reconnaissance vocale, devenue aujourd'hui banale. La voix, longtemps absente, figure maintenant d'une manière puissante dans notre quotidien numérique. On peut rechercher, dicter, puis transcrire et échanger. Ce déplacement, accessible à presque tous les utilisateurs, opère un retour vers une oralité inscrite dans un milieu inédit. Il va sans dire que nous n'en sommes qu'aux balbutiements de ce bouleversement majeur dans nos manières d'écrire. Néanmoins, cette résurgence du corps et de la voix accompagne une seconde mutation : celle de nouvelles figures et métaphores avec lesquelles on décrit et on investit l'espace virtuel naissant. Le savoir, comme les espaces de sa production et de sa réception, est et sera soumis aux contraintes et aux promesses de cette évolution.

1. Il faut relire ici les textes de Merleau-Ponty : « Le toucher : vers un autre réseau qui a ses origines dans la réalité du corps comme interface, comme site physiologique de communication », *Phénoménologie de la perception*, in *Œuvres*, Paris, Gallimard, 2010, p. 1018-1019.

Après une longue absence, le corps fait donc irruption dans notre environnement numérique. « “On ne peut penser et écrire qu'assis” (Gustave Flaubert). – Je te tiens nihiliste ! Être cul-de-plomb, voilà, par excellence, le péché contre l'esprit ! Seules les pensées que l'on a en marchant valent quelque chose[1]. » Il semble que notre réalité numérique soit plutôt nietzschéenne, mais, au lieu de se promener dans la nature, on se balade dans les espaces urbains, investis par le numérique. C'est précisément ce mouvement continu vers la mobilité qui caractérise l'urbanisme virtuel au cœur de l'humanisme numérique. Ce retour du corps accompagne aussi le passage vers le *Cloud Computing**[2], le nouveau paradigme de la culture numérique, qui semble mieux répondre à la fois aux exigences de la mobilité et à celles de l'urbanisme virtuel. Mais ce paradigme du nuage est aussi le lieu privilégié d'une autre caractéristique de la culture numérique : la fragmentation et, surtout, l'anthologisation du savoir et de la communication. Cette fragmentation, après une première époque, est aujourd'hui en mutation vers un retour du récit et du narratif, mais dans un contexte spécifique, celui des plates-formes

1. Nietzsche, *Crépuscule des Idoles*, in *Œuvres philosophiques complètes*, vol. VIII, trad. Jean-Claude Hémery, Paris, Gallimard, 1974, p. 66.

2. Pour une définition du *Cloud Computing*, voir <http://fr.wikipedia.org/wiki/Cloud_computing> : « Les utilisateurs ou entreprises ne sont plus gérants de leurs serveurs informatiques mais peuvent ainsi accéder de manière évolutive à de nombreux services en ligne sans avoir à gérer l'infrastructure sous-jacente, souvent complexe. Les applications et les données ne se trouvent plus sur l'ordinateur local, mais – métaphoriquement parlant – dans un nuage (“*cloud*”) composé d'un certain nombre de serveurs distants interconnectés au moyen d'une excellente bande passante indispensable à la fluidité du système. L'accès au service se fait par une application standard facilement disponible, la plupart du temps un navigateur Web. » Nous avons évoqué une première étape de ce « nuage » dans *La Grande Conversion numérique*, Paris, Seuil, « La Librairie du XXIe siècle », 2008, p. 133-139 et 149-150 ; nouvelle édition augmentée, « Points Essais », n° 667, 2011.

numériques conçues pour rassembler et faire circuler ces fragments produits en ligne. Ainsi, on ne cesse de passer d'une convergence à une autre. Il est même permis de penser que ce passage continuel est inhérent à la culture numérique, fille de l'assemblage des technologies évolutives et des pratiques sociales les accompagnant. L'humanisme numérique invite donc à une histoire intellectuelle du Net, de la sociabilité numérique et des pratiques lettrées et populaires émergentes.

Cette histoire intellectuelle implique que le titre de cet essai est un titre en quelque sorte polémique. Il cherche, en partie, à cerner le statut et les approches associés aux sciences humaines dans l'environnement numérique. Pourquoi ? Parce que, depuis un certain temps, on parle de *Digital Humanities* (même en français) pour désigner la rencontre des humanités et du numérique[1]. *Digital Humanities* est le terme courant qualifiant les efforts multiples et divers de l'adaptation à la culture numérique du monde savant. Il illustre, par son histoire, et surtout par son incarnation institutionnelle actuelle, aux États-Unis comme en Europe, l'évolution non seulement de l'environnement numérique dans ses effets sur l'édition académique et scientifique et sur ce qu'on appelle parfois « *scholarly communication* », mais surtout de l'attitude des institutions culturelles et universitaires vis-à-vis du numérique comme phénomène culturel.

1. Les *Digital Humanities* ont fait leur entrée prétendument officielle à l'occasion du congrès de la Modern Language Association, en décembre 2009. Pour la France, voir le site <http://www.digitalhumanities.fr> et le manifeste des *Digital Humanities* (http://tcp.hypotheses.org/318), qui date du 21 mai 2010. J'ai présenté en avril 2009, dans le cadre du séminaire organisé par Paolo D'Iorio à la Maison française d'Oxford, une première esquisse de l'humanisme numérique (*digital humanism*) ; esquisse reprise et présentée en décembre 2009 à l'Institut national d'histoire de l'art lors du séminaire « Nouvelles formes d'éditorialisation et communautés virtuelles » (http://seminaire.sens-public.org/). Voir aussi <http://www.hastac.org/scholars/forum/02-16-09Whats-Going-On-in-Digital-Humanities>.

Si le numérique fragilise et déconcerte les objets classiques, il fragilise encore plus les pratiques courantes dans le monde savant, celles-ci étant liées d'une manière déterminante aux objets de l'imprimé et du livre et à leurs pouvoirs symboliques (réputation, visibilité, etc.). Ainsi, on comprend comment, en anglais, les « *Humanities Computing* » se sont transformées en « *Digital Humanities* » (une transformation qui fait écho au passage de l'informatique au numérique évoqué plus haut). Une telle évolution est éloquente : elle exprime les changements de paradigme intervenus ces dernières années sous l'influence de nouvelles plates-formes et des nouvelles pratiques de la lecture et de l'édition numériques. Du « *computing* » au « *digital* », la distance est énorme[1]. Nous sommes non plus dans un paradigme modelé sur des applications émanant de la calculabilité (statistique, etc.) mais dans un ordre discursif plus proche des méthodes des sciences humaines et sociales. Au premier abord, on ne peut que se féliciter de cette nouvelle réalité[2].

1. Voir aussi le beau texte d'Arthur Kroker, « Digital Humanism : The Processed World of Marshall McLuhan » (http://www.ctheory.net/articles.aspx?id=70), qui met en évidence l'importance de la dimension religieuse, surtout catholique, dans l'élaboration des idées de McLuhan sur la technologie, la biologie et la communication.

2. La dimension « *computing* » n'a point disparu. Elle a refait surface avec les bourses offertes par Google à des chercheurs afin d'exploiter les livres numérisés par l'entreprise dans le cadre de Google Books. Voir à cet égard l'article de *The Chronicle of Higher Education*, 31 mars 2010, <http://chronicle.com/article/Google-Starts-Grant-Program/64891/>. Les thèmes retenus pour la recherche sont on ne peut plus décevants et ne représentent pas une nouvelle orientation pour les *Digital Humanities*. Bien au contraire, ils expriment des lieux communs et des idées reçues quant à la nature et aux méthodes des recherches historiques et littéraires. Voir aussi l'annonce officielle de Google (http://googleblog.blogspot.com/2010/07/our-commitment-to-digital-humanities.html) pour l'importance des méthodes quantitatives dans les études littéraires et Google Books. Ce qui est important, c'est la manière dont les œuvres numérisées semblent constituer un

Le monde lettré, on le sait, prend son temps avant d'accepter les changements et de s'adapter aux nouveautés. Face au numérique, il a même longtemps résisté. Mais nous entrons aujourd'hui dans une nouvelle ère, où les chercheurs commencent à penser avec le numérique et, surtout, à penser le numérique. C'est un signe de maturation qui annonce le passage au-delà de la numérisation des bases de données, des textes et des objets culturels, et des approches qu'elle a rendues possibles. Nous sommes confrontés aux usages et aux outils numériques, qui sont en train de refaçonner la production, l'évaluation, la réception et la transmission de l'activité culturelle. Dans cette perspective, le défi des *Digital Humanities* ne se limite pas exclusivement à surmonter les obstacles (importants) représentés par l'héritage de la culture de l'imprimé et du livre dans le cadre de l'environnement numérique actuel, il réside également dans l'acte d'imaginer et de créer de nouveaux outils et de mettre en place de nouvelles pratiques qui correspondent mieux à la nature de l'objet et à l'environnement numériques[1]. Un défi, donc, qui transformera les *Digital Humanities* en un « Humanisme numérique » qui réfléchira sur l'épistémologie de la dynamique historique liant les outils, les pratiques et la transformation des objets : leur matérialité en mutation, leur transmission dans les nouveaux formats, leur réception dans le cadre des nouvelles plates-formes. Les nouvelles compétences, comme la « *digital literacy* », pour mieux s'accommoder aux réalités de l'environnement numérique et de sa république des lettres,

---

corpus presque autonome (grâce, en grande partie, à ses dimensions monumentales) du point de vue de Google, un corpus voué à des recherches statistiques et quantitatives. Google a maintenant rendu disponible un outil permettant une analyse comparative des fréquences de mots ou d'expressions dans les livres numérisés.

1. Rappelons que le monde académique, comme celui de la sociabilité numérique, est un monde fondé sur la réputation – ses critères comme sa visibilité. En d'autres termes, les deux environnements partagent beaucoup plus que le simple usage des outils.

doivent répondre aux défis des particularités de la circulation des idées, de l'émergence des expertises inédites et de la mutation de la nature des documents et de leur réception.

Impératif philologique

Un humanisme numérique, donc, un peu à la manière de Vico dans la *Scienza nuova*, pour qui la méthode de l'étude et de l'analyse s'inspire directement de leurs objets[1]. Elle ressemble, selon lui, à la règle des Lesbiens évoquée par Aristote dans son *Éthique à Nicomaque* : « Les actions des hommes ne peuvent donc être jugées d'après une règle mentale droite et rigide ; il faut au contraire, pour les considérer, se servir de la règle flexible des Lesbiens, qui n'oblige pas les corps à épouser sa forme, mais qui s'infléchit elle-même pour épouser la forme des corps[2]. » Cette règle tire sa pertinence et sa

1. G. B. Vico, *La Science nouvelle* (1744), trad. A. Pons, Paris, Fayard, 2001. Il faut aussi relire *La Méthode des études de notre temps* (1708, trad. A. Pons), disponible en ligne (http://www.mcxapc.org/docs/conseilscient/0511vico_pons.pdf).

2. Vico, *La Méthode des études de notre temps*, *op. cit.*, p. 58. Voir le texte d'Aristote : « Voilà pourquoi il y a une justice préférable à la justice rigoureuse dans tel cas particulier ; non pas à la justice absolue, mais à celle qui prononce en des termes absolus, qui dans ce cas sont une cause d'erreur ; et telle est précisément la nature de l'équité ; elle remédie à l'inconvénient qui naît de la généralité de la loi. Car ce qui fait que tout n'est pas compris dans la loi ; c'est qu'il y a des cas particuliers sur lesquels il est impossible qu'elle s'explique : en sorte qu'il faut avoir recours à une décision particulière ; car la règle de ce qui est indéterminé doit être elle-même indéterminée. Comme ces règles de plomb dont les Lesbiens font usage dans leurs constructions, et qui, s'adaptant à la forme de la pierre, ne conservent pas l'invariable direction de la ligne droite ; ainsi les décisions particulières doivent s'accommoder aux cas qui se présentent » (*Éthique à Nicomaque*, V, X, 7 ; disponible sur <http://mercure.fltr.ucl.ac.be/Hodoi/concordances/aristote_nicomaque_05/lecture/9.htm>).

particularité de sa flexibilité ou, pour le dire autrement, de sa convertibilité. Elle n'impose point sa forme sur les corps mais essaie plutôt de saisir la forme de ces corps. En d'autres mots, la règle des Lesbiens met en relief l'indissociabilité de l'objet et de la méthode. Si Vico transpose l'exemple aristotélicien du cadre de l'éthique et de la loi à la méthode généralisée, c'est qu'il estime que la méthode, si elle veut être responsable et vigilante, ne peut que s'inscrire dans son époque. Plus encore, la méthode historique se renforce par son actualité, par ses capacités à faire négocier la mémoire avec le contemporain, à faire circuler les archives avec l'actualité. La méthode s'adapte à son sujet au lieu d'essayer de lui imposer des préjugés et des présuppositions. Cette adaptation n'implique point un oubli ou un aveuglement, elle met en évidence la nécessité de reconnaître les changements et de saisir l'importance des déplacements conceptuels opérés par la technique et les comportements comme par les mots qu'ils choisissent pour penser leurs activités. Si Aristote parle de justice, il faut aussi parler, avec Vico, de la justesse de la méthode.

Car la mutation opérée en partie par la numérisation massive de nos archives commande, dans sa dimension monumentale et utopique, quelque chose de l'ordre d'un impératif philologique, qui va de pair avec l'humanisme numérique. Cette mutation invite aussi un regard d'ethnologue et de poète sur les mythes fondateurs de la culture numérique – des mythes fondateurs comme les récits antiques racontant la création du monde (la volonté de rendre tout accessible, de transformer tout l'héritage de l'humanité, la manie de l'universalité, le problème de l'oubli et de la mémoire, etc.). Les premiers âges (tout récents, certes), les âges primitifs, de notre ère numérique ne nous sont pas si facilement accessibles. Ils ressemblent à une phase d'oralité[1] avant l'avène-

1. Cette période première, primitive donc, constitue la préhistoire de notre actualité numérique. Elle est importante non pas seulement

ment de l'écriture et de ses promesses de pérennité. Les lacunes et les oublis, les archives partielles sont des témoins de ces premiers débuts d'une culture on ne peut plus englobante et qui ne cesse de promettre un accès à la fois total et continu. Dans ses efforts de numérisation et de conversion, elle fait souvent le choix de l'accès au profit de la sélection savante ou critique, et cette course vers la conversion totalisante qui exige un impératif philologique afin d'assurer la qualité des archives autant que leur quantité. Un penseur comme Vico, lorsqu'il écrit contre Descartes et le cartésianisme de son époque, caractérisé en grande partie par la volonté d'une *mathesis* généralisée, et dans son attention au vocabulaire comme aux mythes véhiculés par les mots dans leurs rapports avec l'histoire[1], nous offre un exemple de méthode digne de notre engagement avec la culture numérique. Ce travail philologique, même quand il est porté par des étymologies imaginatives (comme c'était parfois le cas chez Vico), reste précieux, car il sait saisir un mouvement culturel capital alimenté par les déplacements sémantiques et les modifications de sens et d'usage de certains mots-clés. Plus encore, ce regard philologique restaure dans une ère numérique de plus en plus sémantique (le Web sémantique, entre autres) une dimension historique nécessaire qui enrichit le contexte et permet une évaluation plus équilibrée de certaines des promesses de la technique.

---

pour ses expérimentations mais également pour sa part d'oubli. Un oubli consubstantiel aux archives numériques, fragmentées et partielles, oubli inscrit dans le geste technique, son évolution et sa volonté de se détacher de son passé, de tout passé, et ce, malgré les promesses d'universalité. En d'autres mots, cette préhistoire préfigure les problèmes qui seront (et sont déjà) ceux de la numérisation généralisée.

1. Voir par exemple *De l'antique sagesse de l'Italie*, présentation B. Pinchard, trad. J. Michelet, Paris, Garnier-Flammarion, 1993. Vico était aussi spécialiste du droit.

Comme le dit Vico, « la philologie observe l'autorité de la liberté humaine[1] ». Cette philologie reste donc une arme contre une *mathesis*, une forme de connaissance généralisée. Or il se trouve que notre connaissance, celle de la technique, se traduit par une réinvention du quotidien grâce à la nature même de son adaptation et de son déploiement. En d'autres termes, cette technique s'est transformée en lieu de sociabilité et de vécu, en sites d'échanges et de communication qui entretiennent des rapports difficiles avec les contraintes inhérentes à la nature des outils eux-mêmes. Dans cette perspective, le pouvoir de la technique s'exprime dans les contraintes associées à l'entrée de l'individu dans le réseau mais surtout dans la puissance de l'ontologisation qui l'agence. Par « ontologisation » il faut entendre tous les niveaux d'association de mots-clés, de « sémantisation » à la fois automatique et volontaire, qui sont devenus les moteurs d'accès non pas seulement à l'information mais aussi aux relations. L'autonomie des objets nouveaux comme celle des objets numérisés résident dans la généralisation de cette ontologisation. Celle-ci reste néanmoins un vocabulaire, qui invite à un regard critique, un regard philologique, tel celui d'un Vico ou d'un Nietzsche, afin de déceler les généalogies des déplacements et leurs effets sur la pensée et la culture. Mieux encore, cette ontologisation est en train de s'ériger, dans sa dimension sociale, à la manière d'une science : une science du Web[2]. Cette science du Web dérive d'une tendance de plus en plus prononcée des méthodes appliquées au numérique et qui se veulent le

1. Vico, *La Science nouvelle*, *op. cit.*, p. 138-140. En italien : « *la filologia osserva l'autorità dell'umano arbitrio, onde viene la conscienza del certo* ».

2. Pour cette nouvelle discipline, voir T. Berners-Lee *et al.*, *Web Science : An Interdisciplinary Approach to Understanding the Web*, <http://portal.acm.org/citation.cfm?id=1364782.1364798>, 2008, et le site <http://http://webscience.org>. La dimension interdisciplinaire évoquée dans le titre reste limitée à une mention relativement simpliste de la diversité culturelle.

substitut des disciplines plus classiques, comme l'histoire et l'anthropologie. Elle ne fait, en somme, que quantifier la dimension sociale. Il nous semble que cette « nouvelle science » appelle un regard philologique critique, soucieux de sa dimension historique et de ses effets potentiels sur le statut du savoir hérité comme sur les valeurs du savoir nouveau. La scientificité de cette approche et de cette méthode prend forme grâce à un oubli révélateur. Un oubli rendu possible par une confusion inhérente au monde numérique : l'absolutisme de l'archive est souvent pris pour une garantie quant à l'accès et même à la lisibilité des documents et objets préservés. Or cet accès et cette lisibilité sont façonnés par la structure des archives comme par les catégories de classification, les tags* et les présupposés, pour ne pas dire les préjugés, informant la formulation et la mise en place des systèmes d'accès. Ainsi, l'humanisme numérique n'hésite point à plaider pour une approche plus historique, capable de conjuguer l'ancien et le moderne.

Car, rappelons-le, le monde numérique est aussi une nouvelle Babel, un pays habité par une véritable confusion des langues (langues de programmation, formats multiples, modèles divers d'interopérabilité, plates-formes, etc.), le pays du virtuel numérique. Il est vrai que ce pays s'inspire souvent des langues dites « imaginaires », parce qu'il essaie d'actualiser et de réaliser l'imaginaire de ces langues. L'imaginaire numérique introduit de nouveaux repères et de nouveaux critères : il met en place, à travers le réseau et ses effets, une temporalité autre, de même qu'une spatialité qui accueille un urbanisme virtuel. Quel est, dans ce lieu d'activité et d'hyperactivité, le rôle de l'imaginaire, de l'imaginaire poétique ? Et peut-on vraiment parler d'un « imaginaire poétique » (ou même d'un « imaginaire métaphysique », pour reprendre le titre du livre d'Yves Bonnefoy[1]) de ce virtuel,

1. Yves Bonnefoy, *L'Imaginaire métaphysique*, Paris, Seuil, « La Librairie du XXIe siècle », 2006, surtout p. 21-24.

construit tel qu'il l'est par un amalgame de langues différentes, et souvent en conflit, et de codes aux héritages multiples et conflictuels ? Il nous semble que oui, et même que c'est nécessaire. Car le code* numérique, dans le sens d'une langue de programmation, n'est autre chose que le passage continuel entre les formes de rationalité algorithmique qui est l'architecture, au sens fort du terme, de l'environnement numérique, et les usages inattendus et imprévisibles qui façonnent l'*habitus* humain au sein du numérique.

Ce code, dans sa croissance exponentielle, est peut-être l'achèvement de l'ancien rêve des philosophes : celui de la mathématisation du monde critiquée par Vico, celui d'un prétendu ordre incontestable parce que rationnel, celui d'une harmonieuse continuité entre l'homme et la nature ou entre l'homme et son environnement. Mais il se trouve que cette utopie de l'ordre, de la clarté, de l'accessibilité, de la transparence et d'une certaine idée de la perfection (héritée des Lumières), à la fois éthique et esthétique, s'est révélée être un lieu essentiellement humain, un espace de sociabilité agité par l'interactivité et animé par le désir, par la communication et surtout par tout ce qui déstabilise et fragilise la pureté conceptuelle. Bref, comme tout espace social, l'espace numérique donne lieu à un désordre ordonné, un désordre structuré.

Le code, c'est de la poésie

Pour comprendre cette négociation entre l'élégance et l'éloquence mathématiques et la façon dont les usages populaires les transforment en des gestes qui ont le pouvoir de faire et de détruire, qui créent et qui annihilent des mondes et des présences virtuels, il nous faut comme un guide aux égarés. Nous proposons un premier tâtonnement dans cette orientation dans la compagnie d'un poète du début du XXe siècle en guise de conclusion à cette introduction à l'humanisme numérique.

André Breton publie son *Introduction au Discours sur le peu de réalité* en 1924, un discours où il s'interroge sur l'inspiration poétique due à une simple expression toute nouvelle, qui attire et fascine le poète : « Sans fil, voici une locution qui a pris place trop récemment dans notre vocabulaire, une locution dont la fortune a été trop rapide pour qu'il n'y passe pas beaucoup du rêve de notre époque[1]. » Pour Breton, qui cherchait un autre lui-même dans le hasard parisien, l'expression, de même que la technologie et les usages qu'elle autorise, est la bienvenue : « Télégraphie sans fil, téléphonie sans fil, imagination sans fil, a-t-on dit. L'induction est facile mais selon moi elle est permise. » Il nous semble que la culture numérique a une poétique, traitant des mots, des images, des expressions qui se transforment en agents de créations nouvelles, parfois inédites, souvent des reprises et des reformulations dans le contexte nouveau qu'est l'ère numérique. Si Breton évoque le rêve de son époque, nous pouvons, nous, constater que le numérique est devenu notre réalité, une hyperréalité ou un « peu de réalité » en attente de leur philologie critique et de leur poétique. L'objet numérique premier est souple et, dans un certain sens, tendre et mou (en anglais : *soft*, comme dans *software*, par opposition à *hardware*). Cette « mollesse » est en effet la garantie et la source de sa grande force. Son « peu de réalité » n'est que le produit de la nature même de l'environnement numérique : un objet libre de circulation, objet précisément fort car il donne l'apparence d'un de ces « faibles repères » évoqués par Breton dans sa méditation sur le « peu de réalité ».

En termes de code numérique, on parle souvent d'« architecture » : ce mot désigne le potentiel de ce qui est exécutable

1. André Breton, « Introduction au Discours sur le peu de réalité », *Point du Jour*, Paris, Gallimard, 1970, p. 7.

par un programme ou une plate-forme. Il est en quelque sorte la part de l'imaginaire offerte au codeur. Avec l'évolution actuelle de la programmation et l'importance accrue de la dimension dite « sociale » de ces abstractions, on peut voir dans cette architecture un véritable effort pour penser et construire l'espace virtuel, y mettre un certain ordre et y établir une harmonie. Cette architecture est une esthétique non pas seulement des interfaces et de ce qu'elles rendent possible, mais aussi et surtout du vécu virtuel, car ce virtuel est devenu un habitat humain presque aussi important que notre architecture traditionnelle. Cette esthétique a une particularité : si elle façonne l'espace, elle le fait non pas grâce à ses abstractions fondatrices, mais plutôt avec et à travers les usages et les effets inconnus de l'interactivité. Le code numérique est d'ailleurs un discours fragmentaire, fragmenté : il ne fait qu'exprimer une dimension formelle, souvent représentée par des marques et des traces (. # [] /) qui sont les abstractions des intentions, des expressions d'ordre mathématique ; il est aussi proche d'une langue naturelle, d'une langue écrite et parlée. Il est de plus en plus, comme la culture à laquelle il a donné naissance, hybride. Il est aussi souvent en quête de valorisation esthétique[1]. Mais il est surtout, au-delà même de sa « puissance comme loi », pour reprendre l'expression de Lawrence Lessig[2], vivant. Pourquoi vivant ? Parce qu'il n'est jamais neutre (comme le sont les algorithmes), incorporant des présupposés et des préjugés culturels exprimés par des choix d'abstraction, de catégories et de valeurs, et même des icônes et des images. Tout utilisateur peut en témoigner : les versions différentes d'un logiciel, les contextes variables de l'usage, les modalités d'accès sont tous des facteurs qui accentuent cette dimension du

1. Il ne s'agit point ici de la beauté du code, dans le sens de l'économie ou de l'élégance d'une démonstration mathématique.
2. *Code and Other Laws of Cyberspace*, New York, Basic Books, 1999.

code et sa susceptibilité au contexte[1]. Les technologies actuelles sont conçues et développées dans des milieux spécifiques. Les pratiques qui leur sont associées sont elles aussi marquées par des contextes et des traditions locales qui les transforment relativement rapidement en pratiques quasi globales. Cette réalité a au moins deux conséquences : 1) le transfert d'un modèle construit grâce à la dynamique entre les contraintes technologiques et les pratiques qui en sortent, et 2) une réception intellectuelle différente et différée.

Plus encore, le code a été et reste un produit occidental, dans le sens où les langues de programmation, malgré leurs variétés et leurs évolutions, sont modelées sur une langue : l'anglais. Certes, il incorpore des abstractions mathématiques universelles, mais il déploie aussi une série de présupposés qui sont des produits culturels. Il suffit de penser à la représentation des textes, au choix des icônes et même à la sélection des catégories qui classent et structurent l'accès aux données et leur pertinence. Cette dimension culturelle devenue loi, dans la mesure où elle impose sa grille de représentation dans l'environnement numérique, est aussi liée à une réalité technique qui est la matérialité même de ce qui fait tourner notre machine numérique. Les langues de programmation comme le code sont des moyens de communiquer avec les « cerveaux » des ordinateurs et des routeurs qui constituent le noyau vivant de nos pratiques numériques. Cette empreinte essentiellement technique est également culturelle, car elle est le produit d'une évolution spécifiquement occidentale. Dans ce sens, l'esthétique accompagne toujours les choix et les options offerts par la technologie. Mais cette esthétique semble se propager d'une manière

1. Voir aussi à ce sujet le texte de M. Merleau-Ponty, « L'algorithme et le mystère du langage », repris dans *Œuvres*, *op. cit.*, p. 1513-1525 : « L'expression algorithmique est [...] un cas particulier de la parole » (p. 1525).

surprenante, imposant une forme relativement homogène et reproductible.

Une plate-forme de blogage Open Source, l'une des plus populaires au monde aujourd'hui, WordPress, a pour devise : « *Code is Poetry.* » « Le Code, c'est de la poésie. » Ou, plus exactement : « Coder, c'est faire de la poésie. » L'humanisme numérique cherche à saisir cette poésie, car comme l'écrit Breton, « [r]estent les mots, puisque, aussi bien, de nos jours c'est cette même querelle qui se poursuit. Les mots sont sujets à se grouper selon des affinités particulières, lesquelles ont généralement pour effet de leur faire recréer à chaque instant le monde sur son vieux modèle[1] ». Cette ancienne querelle est toujours la nôtre au sein même de l'environnement numérique. Une querelle des Anciens et des Modernes, une querelle d'architectures, et une querelle humaniste.

Une civilisation numérique

Pour conclure cette présentation de l'humanisme numérique, un rappel historique : Claude Lévi-Strauss (qui revendiquait l'héritage méthodologique de Mauss), dans une note datée du 8 août 1956, propose de définir l'humanisme des sciences sociales face aux sciences dures et aux mathématiques (ce qui nous rappelle la situation dans laquelle Vico rédigeait ses textes)[2]. Lévi-Strauss identifie trois humanismes : l'humanisme aristocratique de la Renaissance, ancré dans la redécouverte des textes de l'Antiquité classique ; l'humanisme bourgeois de l'exotisme, associé à la découverte des cultures

1. André Breton, *Point du Jour*, *op. cit.*, p. 21.

2. Pour le texte de Claude Lévi-Strauss, voir <http://bensalah.blogg.org/date-2009-11-06-billet-1103795.html>. Ce texte a été rédigé comme une note interne à la demande de l'UNESCO ; son titre original est : « L'apport des sciences sociales à l'humanisme de la civilisation technique ».

de l'Orient et de l'Extrême-Orient ; enfin, l'humanisme démocratique du XXe siècle, celui de l'anthropologue, qui fait appel à la totalité des activités des sociétés humaines. Notons, en premier lieu, que ces trois humanismes sont liés à des découvertes : dans un cas, des textes de l'Antiquité ; dans d'autres, des cultures et de leurs expressions multiples ; enfin, de l'ensemble des faits humains (oralité, etc.). Chaque fois, les nouveaux objets ont donné lieu à de nouvelles méthodes et à des mises en question de valeurs associées à des documents ou à des pratiques culturelles. Pour la Renaissance, il suffit de rappeler Valla et sa démonstration philologique[1] concernant la Donation de Constantin. La philologie a permis, dans ce cas, le remplacement d'un concept par un autre, ouvrant la voie à une transformation de tout premier ordre. De l'authenticité d'un document, ancrée dans l'histoire de sa réception, à la vérité de ce qu'il énonce, la distance est énorme. Le bouleversement culturel qui s'est ensuivi est capital, car il a rendu possible une autre manière de percevoir et de construire l'histoire tout comme la politique et le lien social. La maîtrise des langues, le savoir historique, la critique interne ont pu fragiliser l'autorité d'une institution aussi puissante que l'Église. En ce qui concerne l'humanisme exotique, la découverte des cultures de l'Orient a fait émerger de nouvelles sciences et de nouvelles disciplines (linguistique, etc.), toutes ancrées dans le comparatisme[2], ce qui a permis de revisiter les études bibliques[3] à la lumière de ce nouveau monde et d'élaborer de nouvelles méthodes, plus appropriées aux nouvelles réalités. L'humanisme de l'anthropologue

1. Lorenzo Valla, *La Donation de Constantin*, trad. J.-B. Giard, Paris, Les Belles Lettres, 1993.

2. Voir Raymond Schwab, *La Renaissance orientale*, Paris, Payot, 1950 ; et Edgar Quinet, « De la Renaissance orientale » (1841), <http://fr.wikisource.org/wiki/De_la_renaissance_orientale>.

3. Voir Maurice Olender, *Les Langues du Paradis* (1989), Paris, Seuil, « Points Essais », 2002.

a engendré, entre autres, la méthode structurale. L'humanisme numérique, parce qu'il a affaire à une technique globale indissociable de l'humain, et qu'il produit des objets inédits, tout en modifiant notre regard sur les objets classiques, représente une nouvelle évolution et, surtout, une discipline naissante. Les trois humanismes évoqués par Lévi-Strauss rappellent chacun comment les sciences sociales et humaines se saisissent de leurs objets tout en négociant avec leurs héritages.

Le titre du texte de Lévi-Strauss est significatif : « L'apport des sciences sociales à l'humanisme de la civilisation technique ». Il parle bien d'une « civilisation technique. » Et qui dit civilisation dit aussi valeurs. Mais il ne faut pas se limiter à cette première version des trois humanismes, car la « civilisation technique » des années 1950 est devenue notre culture numérique d'aujourd'hui. La schématisation mise en place par Lévi-Strauss rappelle en partie les thèses énoncées par d'Alembert dans son *Essai sur les Éléments de philosophie* (1759)[1]. Selon d'Alembert, qui lui aussi cherche à identifier les grands moments qui ont marqué l'évolution (il parle de « révolution ») de l'Occident, « il semble que depuis environ trois cents ans, la nature a destiné le milieu de chaque siècle à être l'époque d'une révolution dans l'esprit humain[2]… ». Ces moments de rupture et de grand changement correspondent également à des modifications dans la perception des objets d'étude des sciences et des sciences humaines et sociales. Ce sont des formes d'humanisme en succession, qui caractérisent ce qui représente pour d'Alembert le progrès.

La première version des trois humanismes, souvent revisitée par Lévi-Strauss, reçoit une dernière exposition, impor-

1. Paris, Fayard, 1986.
2. *Ibid.*, p. 9 « La prise de Constantinople au milieu du quinzième siècle a fait renaître les lettres en Occident… »

tante, lors d'une série de conférences faites au Japon en 1986[1]. L'intérêt de l'analyse de Lévi-Strauss réside en grande partie dans sa mise en contexte mouvante de l'humanisme ou des humanismes caractéristiques de l'Occident face à la notion de civilisation ou à la diversité des civilisations humaines telles qu'elles sont perçues par l'anthropologue. Au-delà des questions de la méthode, ce sont les contours d'une civilisation, sa façon d'établir des frontières et d'identifier des formes d'appartenance, son regard sur elle-même aussi bien que son regard sur l'autre et sur ce qu'elle considère comme étranger qui constituent son objet d'étude. Or le partage de ces différences – un partage qui a donné lieu à la formulation de la thèse de l'humanisme démocratique associé au travail de l'anthropologue et de l'ethnologue et porté tel qu'il l'est par la quête de totalité identifiée au destin de l'anthropologie comme discipline et science de l'homme –, ce partage est mis en difficulté, voire fragilisé, par la culture numérique, agent, nous semble-t-il, d'une nouvelle civilisation qui n'est pas seulement une « civilisation technique ». Le numérique, lui-même en quête d'absolu et de totalité dans ses effets sur les hommes, leurs sociétés, leurs comportements et leurs valeurs, rassemble les composantes internes de la technique (l'impératif technique, avec sa matérialité, ses incontournables et ses oublis) dans son état actuel, représenté par les plates-formes comme par l'imaginaire de la technique, tout en permettant des usages modulables souvent façonnés par des spécificités locales et qui sont de nature culturelle. C'est en partie cette double condition qui donne lieu à ce « quatrième humanisme » que nous avons choisi de nommer « humanisme numérique ». La méthode est indissociable de son objet et, dans le cas du numérique, il nous en faut plus

1. Pour ces textes, voir Claude Lévi-Strauss, *L'Anthropologie face aux problèmes du monde moderne*, Paris, Seuil, « La Librairie du XXIe siècle », 2011, surtout p. 45-52.

que jamais une à la fois humaniste, dans le sens classique du terme, et scientifique et technique. La dimension globale de la culture numérique rend nécessaire une méthode plus diversifiée, plus ouverte et surtout plus consciente de la complexité des réalités du numérique. Il ne s'agit point ici de retomber dans le piège d'une méthode dite « scientifique » ni non plus de se laisser séduire par un déploiement exclusif d'analyses quantitatives rendues de plus en plus attractives par la nature même de la culture numérique et de ses plates-formes. La surabondance des données disponibles, bien qu'elle rende possibles des études auparavant inimaginables, n'est pas le seul facteur ni la seule variable à considérer. Le défi reste celui d'une association entre la croissance exponentielle de ces données et de la tendance analytique qu'elles suscitent et des regards d'ordre à la fois culturel et éthique.

Lévi-Strauss parle de « la totalité de la terre habitée » pour identifier le terrain de l'anthropologie – une expression qui rappelle celle qui a jadis séduit les utopistes et leurs avatars : « la terre connue ». Quant à sa méthode, elle ne peut que reproduire cet universalisme : elle « rassemble des procédés qui relèvent de toutes les formes du savoir[1] ». Or le numérique modifie d'une manière inédite les notions mêmes de *terrain* et de *territoire* comme celle d'*habitat*. Le virtuel, le contributif, le participatif*, quoique souvent faisant appel à des dynamiques bien connues, font également émerger une série de pratiques associées qui sont en effet les sites d'une mutation concernant l'identité et ses représentations ainsi que ses liens avec à la fois la généalogie (le sang) et la géographie (la terre). Ces mutations, comme le note Lévi-Strauss dans le mouvement des trois humanismes, sont aussi des changements d'ordre esthétique.

L'esthétique est ici une valeur essentielle, car elle représente, au-delà des valeurs inhérentes aux trois humanismes,

1. *Ibid.*, p. 50.

une identité et une mémoire collectives, celles de l'Occident et de son rôle dans la civilisation technique et, aujourd'hui, dans la culture numérique. Est-ce une exclusivité occidentale qui s'impose à nouveau et d'une manière inédite grâce à la technique et au numérique ? Le numérique est certes un produit occidental, mais il est une réalité globale. Les modèles qui sous-tendent son fonctionnement sont tous ou presque tous dérivés de l'expérience occidentale : le document et ses évolutions comme ses valeurs, les notions de personne et d'identité, les concepts de patrimoine et d'archives, les représentations visuelles des manipulations et de leurs symboles (icônes, etc.). Tous ces éléments devenus la vulgate de notre expérience quotidienne, y compris la notion d'amitié, simplifiée et transformée en agent constitutif de la sociabilité numérique, sont les produits de la perception technique des catégories historiques et socioculturelles occidentales. Comment, dans ce contexte, imaginer l'évolution de l'environnement numérique dans une autre perspective, selon des chemins qui ne seront plus exclusivement ceux de l'Occident, de ses concepts et de ses catégories ? Curieusement, la dimension globale du numérique met en cause l'efficacité de l'universalisme de la science, dans la mesure où elle soumet, dans la pratique, le déploiement social de la technique aux contraintes et vicissitudes du culturel et du local. Cette divergence ne signifie pas une mise en question de la validité de la science, elle reflète plutôt la conversion numérique de certaines de ces vérités. La *praxis* réclame ici toute sa valeur. Il nous semble qu'il faut en premier lieu éclaircir et saisir la manière dont la technique s'est emparée de ces concepts clés avant d'essayer d'imaginer cette autre voie.

L'humanisme numérique s'efforce de trouver sa voie entre des héritages multiples, parfois controversés. Par exemple, quel statut pour les documents ? S'agit-il de documents numérisés pour la préservation ou de documents natifs ? Comment prendre en compte les valeurs culturelles des documents dans le contexte de la numérisation actuelle[1] ? Ni orientalisme ni exotisme, mais humanisme numérique naissant. L'anthropologie comme discipline est marquée par le lien entre l'anthropologue et son territoire : un lien qui conjugue l'étranger, l'aliénation et l'altérité avec le discours théorique censé comprendre et saisir cette étrangeté. L'objet est ainsi toujours double.

Cette situation est généralisée par la culture numérique au-delà des spécificités des sociétés et des cultures. Car on peut voir dans cette culture numérique l'extension des valeurs occidentales par la technique et la fin de la suprématie de l'Occident dans cette extension même, surtout dans sa réception sociopolitique. Les trois humanismes, dans leur expression sociale, sont également à revoir en fonction de l'humanisme numérique. Entre l'aristocratie de la Renaissance, la bourgeoisie du XIXe siècle et la démocratie du XXe, il nous faut, comme l'ont démontré récemment l'affaire Wikileaks et le Printemps arabe[2], ré-imaginer les clivages marquant les différents élans de la culture numérique. L'espace habitable, cette totalité du territoire disponible et qu'on peut dire aujourd'hui visible et accessible, a été doublement façonné par le numérique : il s'est d'abord élargi, il

1. Il faut ici reprendre, dans le détail, ce statut de l'Occident dans plusieurs discours théoriques, surtout dans les travaux de Norbert Elias, Claude Lévi-Strauss et Jack Goody. Pour ce dernier, l'« Occident s'est approprié l'humanisme dans son geste colonisateur » (voir à ce sujet *Le Vol de l'histoire. Comment l'Europe a imposé le récit de son passé au reste du monde*, Paris, Gallimard, 2010). Car l'humanisme, même dans son acception classique, reste un enjeu déterminant pour les rapports de pouvoir entre cultures et entre cultures et technique.

2. Pour Wikileaks, nous nous permettons de renvoyer aux textes repris dans *La Grande Conversion numérique* suivie de *Rêveries d'un promeneur numérique*, Paris, Seuil, « Points Essais », n° 667, 2011, p. 286-292. Pour le Printemps arabe, voir « La troisième voie », <http://sens-public.org/spip.php?article815>.

s'est « démocratisé » grâce aux effets de réseau, puis il s'est rétréci dans les formes d'immédiateté et de visibilité qui lui sont propres. Cette double contrainte met en relief le rôle croissant du regard, de ce regard nouveau qui accompagne et caractérise en grande partie la culture numérique.

Certains des débats autour des effets du numérique, effets à la fois politiques et culturels, révèlent parfois l'existence subreptice de formes de croyances de nature religieuse inhérentes à la culture numérique et à sa réception. Qu'il s'agisse des mutations d'une pratique aussi centrale que la lecture et ses liens avec ce qu'on a choisi de nommer l'intelligence ou bien des changements politiques rendus possibles par l'utilisation à grande échelle des dernières plates-formes (Facebook, Twitter, YouTube, etc.) dans des conflits opposant autorités gouvernementales et populations révoltées, on ne cesse de débattre et de polémiquer sur les spécificités et les apports du numérique. Pourquoi, dans ce contexte, insister sur cette dimension religieuse ? En premier lieu, parce que la religion comme le numérique sont tous les deux des techniques, des techniques de la médiation et de la communication qui, chacune à sa manière, modifient les rapports entre les individus et la collectivité et mettent en place une nouvelle dimension éthique capable d'influencer et de façonner les actions et les comportements. Cette dimension éthique est étroitement liée à l'universalisme indissociable et du religieux et du numérique : un universalisme qu'il faut interroger mais qui reste néanmoins une force majeure de notre condition contemporaine. On l'a vu dans les révoltes du Printemps arabe, avec des conséquences bien différentes en Iran et en Chine. Une nouvelle catégorie est désormais à la fois valeur et droit. L'accès au numérique, aujourd'hui devenu de fait un droit, traduit, par les effets de ce qu'il rend possible, un enjeu politique de premier ordre pour une grande partie de notre planète. C'est que le numérique et ce que l'on persiste à désigner comme de « nouvelles technologies » façonnent, tout comme la religion, le lien social, et, ce faisant, apportent un changement. Mieux encore, la nature même des plates-formes numériques intériorise des valeurs déterminantes qui sont d'ores et déjà des choix politiques (transparence, responsabilité dans l'échange et le dialogue, primauté de la libre circulation de l'information et des opinions, etc.).

La particularité du numérique comme technique devient ici visible et palpable. Elle donne lieu, presque naturellement et en partie en fonction de la nature du code, de son développement et de sa propagation, à une forme d'activisme animé par la conviction, pour ne pas dire la foi. Il suffit, pour ne reprendre que des exemples récents mais révélateurs, de penser aux suites de l'affaire Wikileaks et aux interventions du groupe Anonymous. L'engagement des hackers pour des causes multiples (économiques, politiques et sociales) ne fait qu'accentuer et étendre ce passage à ce qui est sans doute une nouvelle forme de civilisation, la civilisation numérique. L'inspiration comme la motivation sont ici à la fois des choix éthiques et des choix techniques, des choix en fait inséparables. Cette indissociabilité est aussi une expression de la dimension religieuse, voire parfois messianique, de la culture numérique. Le code permet cette liberté idéalisée tout comme il permet le contrôle et la censure. Mais, au-delà de ce *double bind* classique[1], le code, en principe, responsabilise l'utilisateur avisé et l'individu compétent. Car il se veut accessible et se livre à la lecture comme à la modification[2].

1. On peut voir dans ce *double bind* une version pharmacologique, comme dans les travaux de Bernard Stiegler.

2. On retrouve ici l'idéologie du logiciel libre et de ses libertés. Voir à ce sujet *La Grande Conversion numérique* (2008), *op. cit.*, p. 153-188.

De la « sagesse » biblique au « fragment » numérique

Mais il ne faut pas limiter notre regard sur cet aspect du numérique à la seule mouvance d'activisme et de transformations sociopolitiques. Car ce qui est le plus frappant dans cette civilisation reste la convergence entre ses formes et formats et les pratiques qu'elle autorise et rend possibles. Dans ce sens, comme on le verra dans le chapitre consacré à la culture anthologique, la déclinaison à la fois formelle et normative de la culture numérique ne fait que mettre en évidence la continuité entre les contraintes technologiques et leurs modifications par les usages sociaux. Dans cette perspective, la forme fragmentaire – les petits et les microformats aujourd'hui en évidence dans notre quotidien et sur tous les supports – n'est pas uniquement une manière de produire, transmettre et appréhender le savoir hérité de la culture imprimée et du livre comme le savoir natif à l'environnement numérique, elle est aussi, dans ses modulations numériques, une manière privilégiée de propager les formes de sagesse spécifiques au numérique. Comme dans l'Antiquité biblique, une période de rareté et de difficulté de préservation et de transmission de ce que l'on appelle de nos jours du « contenu », le fragment, facilement portable, était l'une des formes privilégiées de la littérature dite de « sagesse », c'est-à-dire une littérature dont l'un des buts premiers était l'articulation de principes simples pour gouverner la vie quotidienne et pour guider l'humanité dans la gestion de ses affaires. C'est de la même façon que des fragments répétitifs sans aucune signification particulière deviennent des agents de conflits de la première importance grâce à leur circulation dans un contexte imprévisible et sur une échelle inédite. L'importance de ces fragments de toutes sortes réside dans les usages nouveaux de la tournure anthologique et de l'exploitation des valeurs transmises par l'intermédiaire de la gestion et de la curation* de ces fragments. Quoi qu'on pense de la curation dans son état actuel, elle est le symptôme d'un besoin de valorisation de la surabondance de l'information. Dans ce sens, le fragment numérique, inscrit tel qu'il l'est dans une dynamique inverse de celle de l'Antiquité et des pratiques lettrées classiques, inaugure une nouvelle ère d'humanisme, au sens large du terme. Cet humanisme numérique ne fait qu'élargir et étendre le domaine de la compétence vers de nouveaux espaces. Par « compétence », on entend bien à la fois un savoir-lire et un savoir-écrire, mais aussi une refonte des concepts fondamentaux de nos modèles de production, d'évaluation et de circulation du savoir dans nos sociétés. Car cette tendance anthologique, dans sa courbe d'évolution actuelle, tout en se confirmant, invite à une forme de responsabilisation qui est censée faire face à l'excès d'information et surtout permettre l'émergence d'une éthique individuelle ancrée dans l'acceptation de partager à partir d'une perspective personnelle. Le choix, l'organisation et surtout la mise en contexte, certes en partie « formatée » par les outils et leurs présupposés, revendiquent une réinsertion de la signature de l'individu, ou du moins de sa présentification numérique, dans le cadre de cet échange d'information. La lecture se transforme ainsi, grâce à des formes d'automatisation de plus en plus populaires dans les plates-formes actuelles, en un partage primordial. Lire veut aussi dire sélectionner, faire le tri, classer ces choix selon un ordre spécifique, puis les rendre publics. Souvent, cette forme de lecture, intégrée dans les liseuses et les mobiles, ne fait qu'échanger les commentaires et les renvois conservés dans le « nuage » au-delà d'un accès au texte qu'ils commentent. Ce déplacement n'équivaut pas à un oubli du texte de départ ; il signifie l'arrivée d'un nouveau type de scholies*, comme disaient les Anciens pour désigner commentaires et notes. Ces scholies ne sont pas visibles exclusivement dans les marges mais plutôt à travers des interfaces de plus en plus pointues et transposables dans cette économie de la lecture, de l'écriture et du commentaire. Nous vivons l'émergence du modèle de la révision comme paradigme de notre activité en ligne, des formes de relecture et d'écriture ancrées dans une banalisation de la scholie[1]. Le commentaire est ainsi inscrit dans une tradition qui s'est transformée en pratique collective et non plus réservée aux auteurs ou aux lecteurs érudits et savants. C'est en partie parce que la notion même d'auteur s'est élargie surtout dans le contexte des plates-formes actuelles que ce mode de révision est adopté. Mieux encore, la scholie numérique est en train de devenir notre interface primaire avec les textes et tout ce qui est archivé. C'est en ce sens que la fragmentation qui accompagne le numérique constitue un tournant culturel majeur, car elle met en scène un imaginaire lettré, hérité de nos pratiques savantes, désormais à la disposition de tous. Cette « démocratisation » va de pair avec la banalisation des gestes éditoriaux caractéristiques de la culture numérique dans son état actuel. Si le geste éditorial devient accessible, sous des formes incorporées aux plates-formes, il ne cesse d'exploiter des techniques classiques dans des contextes nouveaux. Cette fragmentation qui accompagne les nouvelles instances du geste éditorial donne lieu à un retour au narratif et au récit, mais, comme c'est souvent le cas, dans un contexte largement déterminé par les contraintes spécifiques aux plates-formes numériques actuelles[2]. Ces reconfigurations ne sont pas limitées aux seules pratiques de commentaire ou

1. Sur cette notion, voir le chapitre consacré à la culture anthologique. Elle fait appel à une forme d'écriture connue déjà chez les Anciens et représentée par le livre de saint Augustin, *Retractationes. Les Révisions*, Paris, Desclée de Brouwer, « Bibliothèque Augustinienne » 12, 1950. Mais elle est à la fois généralisée et adaptée à la nature fragmentaire de notre textualité numérique et au-delà des limites du simple exercice autobiographique.

2. Sur ce point, voir le chapitre suivant, surtout p. 105-116.

de lecture, elles touchent aussi aux représentations mêmes de la technique dans l'imaginaire populaire.

On peut voir certains des liens qui se manifestent dans l'imaginaire de la technique entre les spécificités de la fonction auctoriale telle qu'elle est véhiculée par le numérique et la religion dans un film culte tel que *Tron*, de Steven Lisberger (1982), qui raconte l'histoire d'un conflit entre des codeurs (souvent identifiés comme utilisateurs [*users*]) et un programme quasi autonome, le *Master Control Program* (MCP). Une grande partie du film se déroule à l'intérieur même de la machine, nouvel espace visualisé et représenté comme un lieu de conflit, de jeu et de rivalité entre les programmes soumis à l'autorité absolue du MCP et les représentants des utilisateurs. Cette confrontation est présentée comme une véritable guerre de Religion. Même dans le monde réel, le représentant et le suppléant du MCP (lui-même un plagiaire) évoquent l'hérésie de la primauté et de la loyauté à l'humain, figuré par l'utilisateur. Tout au long du film, cette contextualisation du conflit entre une autonomie sans limites et souvent perçue comme dangereuse pour tout ce qui est humain et l'individualité de l'utilisateur est exprimée en termes religieux. L'ordre humain est pensé par la machine et ses porte-parole comme un passé révolu, attaché à des valeurs on ne peut plus douteuses émanant d'un privilège de l'individualisme et de la vie telle qu'elle se manifeste dans la société humaine. La technique est ici, naïvement, l'agent d'une mise en ordre malheureusement classique et qui ne peut exister qu'en évacuant toute fonction humaine, toujours pensée comme déviation et hérésie. On retrouve dans le film le schéma binaire de base, une sorte de manichéisme populaire et simplifié opposant le bien et le mal et qui ne cesse d'habiter l'imaginaire de la technique tel qu'exprimé par le cinéma américain populaire.

Tron est aussi le nom du personnage principal du film – qui est également un programme –, c'est-à-dire du code créé spécifiquement pour échapper et résister à la tyrannie du MCP. Il tient doublement lieu de l'hérétique : il est le code hors la norme, hors la loi et qui donne à la fois son sens humain à cette loi de l'informatique ; il est aussi l'incarnation, dans le monde du numérique, de l'insoumission, de la liberté que symbolise le choix de l'humain. Dans ce sens, le monde du jeu, dans le cadre du film, devient le véritable site du vécu humain, alors que la société dite « réelle » n'est que préfiguration et même caricature des vrais enjeux du conflit au sein du numérique. Plus encore, *Tron*, bien avant l'ère du réseau et de la sociabilité numérique, met en scène l'appropriation spatiale constitutive du numérique. Le code numérique n'est dangereux que quand il est séparé de ses créateurs, quand il s'érige lui-même en créateur. C'est ce scénario de la genèse et des origines qui semble souvent hanter les récits de science-fiction tout comme certaines des interprétations du potentiel imprévu de la culture numérique dans son déploiement global. Car cette perception prend en compte le fait que le code est à la fois un langage, ou, pour mieux dire, des langages, et aussi non pas une forme d'intelligence en quête d'un peu d'humanité mais plutôt une forme vivante, un être culturel qui jouit de sa propre dynamique d'évolution[1].

Mais ce qui nous importe pour l'instant, c'est précisément le recours quasi naturel au religieux pour représenter un des effets de la culture numérique et de la culture des jeux. La rivalité entre les deux modes se réduit à un affrontement entre une forme d'absolutisme et une forme d'individualisme qui perturbe tout ordre. Curieusement, le conflit trouve sa résolution au profit de l'humain grâce à la maîtrise de ce dernier de la programmation. Le code, un être culturel, est doté de propriétés contradictoires. Il est en fait le véritable site de la lutte opposant dans le film technique et humanité. Cette image

1. On le verra plus loin, cette logique s'exprime le plus clairement aujourd'hui dans le statut de plus en plus complexe des avatars, tout comme dans la représentation de la mort dans le monde numérique.

certes simpliste ne cesse d'alimenter nos rapports avec le numérique et ses effets ambivalents. Mais elle fournit aussi une assise au rôle du religieux dans notre regard sur l'évolution de la technique et sa transformation actuelle en une culture numérique. L'automatisation souvent souhaitée comporte aussi, dans cette perspective, de grands risques. On peut voir ce film – mais les exemples abondent – comme une première version des polémiques sur les valeurs du numérique. On retrouve bien le quantitatif, associé ici au bien-être du plus grand nombre et identifié à la régularité et à une version de l'ordre, mais également le qualitatif, qui provient de l'imprévisibilité de l'humain, de sa créativité et de son individualisme. Un conflit donc entre une certaine vision du collectif, un peu communiste et soumis à une autorité supérieure, et un individualisme excessif et à la longue innovateur et libérateur.

Les discours de la peur souvent évoqués par les médias classiques quand il s'agit de discuter du numérique (vol d'identité, pédophilie, etc.) comme les analyses prônant la perte de l'intelligence humaine et les effets néfastes sur la culture des nouvelles pratiques numériques ne font qu'étendre cette notion du conflit potentiel et, pour certains, inévitable entre homme et machine, entre culture et technique. Il va de soi que l'humanisme numérique se propose un autre regard sur notre société numérique. D'où l'importance de la conception de la méthode et de sa neutralité.

Car cette méthode doit aussi permettre un regard autre, celui associé aux nouvelles catégories et aux nouveaux comportements rendus possibles par le déploiement global du numérique. C'est dans ce contexte que l'évolution des comportements et la spécificité de l'ère numérique jouent un rôle déterminant. C'est là que le passage de l'informatique au numérique prend tout son sens et toute son importance. Ce passage, tout en signalant l'adoption à une échelle imprévue de la technique, modifie la nature même de la technique dans la mesure où il la traduit, dans des contextes on ne peut plus complexes, en une forme d'action sociale qui souvent échappe au contrôle technique et au contrôle de la technique. L'informatique, considérée comme *la* dimension véritablement technique, garde son importance et sa position de matrice, mais elle est également soumise aux réalités des pratiques et à leurs capacités de plus en plus évidentes à donner lieu à de nouvelles catégories, de nouvelles valeurs.

Les mutations opérées par le numérique résultent dans leur grande majorité de ce passage devenu aujourd'hui un fait : la technique de calcul s'est transformée grâce à la convergence de la communication, de l'écriture et de formes de compétences inédites en une plate-forme de sociabilité, de savoir, de créativité et d'échange. De l'informatique au numérique : c'est le passage de la technique à la civilisation, un mouvement certes toujours en évolution, et qui a pu et peut continuer à susciter des réserves et des inquiétudes, mais qui semble de nos jours une certitude. Si nos sociétés – pour rester encore un instant avec Lévi-Strauss – sont faites pour changer, le numérique nous présente un laboratoire vivant, à une échelle mondiale, de ce changement social. Il n'est plus question, comme dans la première période formative de l'anthropologie, de découvrir l'autre. Il est maintenant tout simplement question de se découvrir autrement. Le numérique représente le triomphe de l'hybride : hybridation de notre espace habitable, de nos modes de communication, de nos représentations identitaires et de nos valeurs, partagées entre des héritages contestés et souvent fragilisés et des idéaux inspirés en partie par la nature même du numérique. Cette hybridité touche à la notion d'individu et de personne comme à celle de communauté et de groupe. Elle transforme même nos lexiques[1].

1. Sur l'hybridation de la langue et des vocabulaires dans le contexte précis du vote électronique, voir le texte de Laurence Favier, « Le vote électronique pour quelle démocratie ? », *La Démocratie dématérialisée, Le Genre humain*, n° 51, Seuil, 2011, surtout p. 15-18.

Pour la méthode, si méthode il y a, Vico représente une figure privilégiée. Car il ne faut pas non plus oublier une autre dimension, plus contemporaine et qui semble compléter la règle des Lesbiens : la notion de rugosité, telle qu'elle a été mise en évidence par les travaux de Benoît Mandelbrot[1]. C'est un concept « naturel », qui se retrouve partout mais qui est resté longtemps ignoré, invisible. Son importance réside, en tout cas pour nous, dans le fait que, dans la recherche d'une ultime précision dans la mesure, on découvre une sorte d'autonomisation des formes dans la nature. Cette qualité fractale peut aussi informer notre regard sur les activités de nos sociétés dans le monde numérique, car elle nous permet à la fois de nous méfier des formes croissantes de l'économétrie (toutes les statistiques et les mesures des usages et des pratiques) et de retrouver des formes visibles. La rugosité, comme le rappelle Mandelbrot, n'est pas une théorie générale de la nature. Elle est plutôt guidée par des analyses spécifiques, des études sur des objets définis. La rugosité permet un examen à la fois concret et théorique de notre hybridité contemporaine, ainsi qu'une meilleure compréhension de la transformation de la notion de contexte qui reformule en fonction du voisinage grâce aux outils numériques. Le voisinage (voisinage mathématique, voisinage sémantique et voisinage géographique[2])

1. Voir B. Mandelbrot, « A Theory of Roughness », <http://www.edge.org/3rd_culture/mandelbrot04/mandelbrot04_index.html>, et pour une version française, <http://www.mediapart.fr/club/edition/bec-bunsen/video/181010/mandelbrot-les-fractales-et-lart-de-la-rugosite>.

2. Les moteurs de recherche comme les sites commerciaux tel Amazon exploitent pleinement ce voisinage pour suggérer à leurs utilisateurs des achats. Mais les sites sociaux comme Facebook et Twitter étendent ce voisinage à la relation sociale. Plus encore, on peut naviguer et dialoguer en fonction de la géolocalisation. Ainsi, le voisinage émerge lentement mais sûrement comme une des personnifications de la dimension de plus en plus sémantique du Web. C'est dans ce sens que la géolocalisation crée de nouvelles valeurs, à la fois économiques et culturelles, en

définit de nouvelles valeurs et met en circulation de nouvelles formes de pertinence. Il anime une économie de la suggestion et de la recommandation qui ne fait que commencer. Le voisinage tient compte aussi de l'hybridation du territoire et de l'espace habitable. Nos quartiers, nos voisins se déplacent vers la spatialité numérique, avec ses modes de présence et de visibilité. D'où l'importance croissante des effets de rapprochement multiples, des entrecroisements en apparence arbitraires. Dans ce nouveau contexte, le quantitatif ne cesse de se rapprocher du qualitatif, avec tout ce que cela implique.

La rugosité, Mandelbrot nous le rappelle, a été longtemps ignorée, car, comme tout ce qui est fractal, elle était perçue comme quelque chose qui produisait de belles images, un outil de visualisation. Nous dirons aujourd'hui que la visualisation, en tant qu'esthétique et manière de présenter et percevoir, a entravé la reconnaissance de la rugosité comme propriété des objets naturels. La géométrie de la nature peut ainsi suggérer une géométrie de la culture numérique. Ainsi que l'a souvent répété Mandelbrot, il n'existe pas de théorie générale de la rugosité. La théorie est toujours ancrée dans la pratique, elle-même en mutation en fonction des changements de paradigmes, de plates-formes et d'outils numériques. Si le fractal implique une reproduction de l'identique à des échelles différentes, la rugosité permet une appréhension des dynamiques en mutation continue. Dans le monde des objets culturels à l'ère du numérique, une telle approche est pleine de promesses. Car dans le numérique se manifeste une notion d'ordre constitutive du social et du culturel qui s'exprime surtout aujourd'hui dans les systèmes de classement de plus en plus empiriques censés rendre compte du

---

rendant possibles des échanges, des conversations fondés sur des critères autrement arbitraires. La visibilité réciproque devient ainsi une invitation au dialogue et la géographie un critère de pertinence.

regard « culturel » porté sur la sociabilité numérique. Cette culture traduit en effet un système de classification s'exprimant selon des ordres spécifiques et instituant au fur et à mesure de nouvelles valeurs et de nouveaux modèles de pertinence. Ainsi, l'économétrie mise en place par les réseaux sociaux* (nombre de contacts, nombre d'amis, etc.) ou par les plates-formes de Microformats tel Twitter (nombre de *followers** ou nombre de *retweets*, etc.), ou bien même le nombre de consultations d'une vidéo ou d'un fichier considéré comme indice de valorisation, ne fait qu'accentuer cette tendance à la fois sémantique et quantitative[1].

Calcul et récit

La dernière dimension à mentionner dans ce contexte touche en fin de compte au bouleversement culturel produit par le numérique : la modification de la géographie humaine à l'échelle globale. Pour reprendre une dernière fois les mots de Claude Lévi-Strauss, il s'agit de la « fin de la séparation[2] », d'une réduction de la distance entre cultures, civilisations et pays produite par la nature même des plates-formes actuelles. La fin de la séparation accompagne et définit même le nouveau regard rendu possible par le numérique, un regard souvent porté par une dimension spatiale, la géolocalisation. Dans ce sens, cette forme de globalisation façonne les objets

1. Il faut revenir ici aux liens entre les travaux de Claude Lévi-Strauss et les mathématiques de l'époque : voir à ce sujet la conférence de Michel Broué, « Des lois du mariage à Bourbaki », consacrée à la collaboration d'André Weil et Claude Lévi-Strauss, <http://smf.emath.fr/content/conference-bnf-2010-m-broue>. Peut-être que la rugosité correspondrait à la culture numérique comme la théorie de groupe a pu saisir les liens de parenté étudiés par l'anthropologue.

2. Claude Lévi-Strauss, *L'Anthropologie face aux problèmes du monde moderne*, *op. cit.*, p. 143.

culturels, leurs échanges, leurs valorisations tout comme leurs moyens de production. C'est bien cette circulation sur le réseau, à la fois locale et globale, qui, en fin de compte, justifie ce qu'on a choisi de nommer ici « humanisme numérique ». Elle explique aussi la nécessité d'examiner de près, avec un retour sur nos héritages et leur mise en place dans le cadre de l'environnement numérique, les modifications touchant les concepts tels que l'amitié, les catégories classificatoires du savoir et du social et les notions mêmes d'identité. Il se trouve que ces nouveautés sont souvent des reprises et des transformations de procédures et de pratiques qui nous sont familières, mais en circulant dans un contexte inédit et sur une échelle autre elles deviennent les agents d'une mutation culturelle et sociale sans précédent.

La fin de la séparation, réduisant la distance entre pays, cultures et continents, ne fait que prolonger le mouvement inauguré par ce qu'on nommait jadis l'« âge des découvertes ». Mais à présent il est question de convergence entre cette disparition de la distance et une accélération ancrée dans l'accès. Le nouveau monde est désormais celui qu'on connaît déjà, mais un monde en mutation continue d'exister sous l'influence des plates-formes et des pratiques qu'elles autorisent. On est ainsi sans cesse confronté à cette réalité du global dans des manifestations locales. Cette indissociabilité des deux dans le numérique donne à la rugosité évoquée plus haut une plus grande signification, car celle-ci est le lieu de rencontre entre des formes on ne peut plus générales (le « formatage » souvent caractéristique de la sociabilité numérique actuelle) et des articulations locales, spécifiques et souvent temporaires. Finalement, cette nouvelle réalité nous incite à penser les limites du modèle occidental : en premier lieu, en politique (on le voit bien aujourd'hui avec la question de la démocratie et de ses potentiels dans diverses régions du monde, sous l'influence partielle, bien que controversée, du numérique), mais aussi dans les rapports entre culture et technique et dans la manière dont la technique façonne la transmission et la réception des produits culturels. Le cas du copyright et des droits d'auteur est exemplaire : une spécificité occidentale, généralisée et globalisée, puis mise en difficulté par les pratiques numériques, devient un enjeu économique de premier ordre entre l'Occident et les autres pays du monde. Penser ces limites ne veut pas dire nécessairement abandonner le modèle occidental ni même le délégitimer. Au contraire, c'est plutôt penser autrement les frontières et les différences entre cultures dans un contexte nouveau.

L'humanisme numérique, ce quatrième humanisme plus récent, est aussi une réflexion sur les sciences humaines dans une ère où leur pertinence est souvent mise en cause face à l'évolution des pratiques populaires et à la fragilisation des disciplines humanistes historiques. Il nous semble que cette pertinence est sous-estimée, voire oubliée, en grande partie parce que les objets culturels qui sont les nôtres semblent détachés des pratiques lettrées et érudites qui étaient les objets premiers des sciences humaines. Pourtant, ces nouvelles pratiques ne font qu'adopter et adapter ce qui était le domaine privilégié des cultures lettrées. Cela apparaît clairement dans le retour massif de la narration et du récit comme paradigme à la fois de participation et de valorisation[1]. Le récit reste un enjeu éthique et politique majeur, car il touche à la mémoire et à ses élaborations comme à l'identité (individuelle autant que collective) et à ses valeurs. Les différences culturelles s'expliquent en partie par des récits différents, des récits rivaux ou des récits qui, chacun à sa manière, racontent l'histoire et le monde, rendant ainsi des choses possibles et en excluant d'autres. Raconter, c'est aussi se constituer en sujet. Plus encore, raconter, c'est se dire soi-même devant les autres et parfois contre les récits des autres. Or il se trouve que les plates-formes

1. Nous y reviendrons dans le chapitre consacré à la culture anthologique.

numériques actuelles sont en train de généraliser des pratiques narratives à la fois simples et inscrites dans une longue histoire (occidentale), comme le paradigme du narratif numérique. Ces pratiques expriment aussi des choix éthiques, car elles sont des formes de responsabilisation des internautes. Le récit, surtout dans le cas de l'environnement numérique, est une forme de mise en vérité des événements ou de leur perception, des choix et des engagements.

S'il est vrai que les sciences humaines doivent s'ouvrir au numérique au-delà du simple usage des outils et de la tentation des études quantitatives rendues faciles, il est également vrai qu'au sein des études de la culture numérique il faut reconnaître le rôle central de ces mêmes sciences humaines dans les analyses des transformations culturelles suscitées par le numérique. Qu'il s'agisse de la notion de document et de ses évolutions, de la lecture et de ses mutations, ou bien de la forme même des textes et des discours, les sciences humaines nous permettent de mieux saisir les déplacements, les clivages et les continuités qui constituent l'essentiel de notre culture numérique. Les méthodes mêmes du numérique sont dérivées des pratiques lettrées et des pratiques littéraires : l'annotation, la curation, la mise en récit, la visualisation et le déploiement massif de l'image dans le contexte numérique, la lecture sociale, les classements qui ne font qu'élargir la pertinence et l'applicabilité de notions depuis longtemps établies et touchant aujourd'hui toutes sortes d'objets et d'activités.

Pourquoi un humanisme numérique ? Tout simplement parce que le numérique est une culture nouvelle, qui, comme toute nouvelle culture, interroge nos certitudes et nos vérités, en mettant en place de nouveaux critères et de nouveaux repères. Ce sont ces repères et ces critères qui sont les objets premiers de l'humanisme numérique.

Un dernier mot. La culture numérique ne cesse de faire appel à des mythes qui nourrissent indéfiniment son imaginaire. Tout d'abord, et malgré la spécificité de la technique, le contexte de sa conception, voire de son exploitation économique, pour ne rien dire de la concentration de sa production, le mythe de l'universalité, une universalité qui concerne les interfaces, les plates-formes et les pratiques. Mais aussi le mythe des archives de l'humanité : il s'agit d'une variation sur cette première universalité, mais associée à l'héritage culturel et, surtout, à l'héritage culturel imprimé. Les projets de Google Books comme de ses rivaux ne font que reprendre des lieux communs sur les promesses d'une telle bibliothèque rassemblant les savoirs de l'humanité – ici, on évoque souvent l'histoire de la Bibliothèque d'Alexandrie et de sa disparition pour légitimer la numérisation des archives des bibliothèques. Mais ces mythes se réduisent au fond à un idéal de l'accès et de la transparence. Et ces catégories, sans cesse en évolution et soumises à des contraintes complexes, appellent un examen critique, car elles ont des composantes culturelles et linguistiques diverses. Le retour du mythe au cœur même de la culture numérique n'a rien de surprenant : dès ses origines, cette technique devenue culture a été animée par un souci de l'intelligent et de l'humain, de l'intelligent comme expression de l'humain. Le calcul s'est vite transformé en lieu de sociabilité, et l'humain s'est du coup en partie numérisé. Même les jeux se sont transformés en une occasion de produire des récits et des textes essentiellement mythologiques[1]. Mais, entre-temps, les récits fournissant du sens et des doses de vérité à ces techniques dans leur exploitation sociale restent des récits, c'est-à-dire des discours structurant l'ordre social en voie de formation. C'est, en fin de compte, le sujet de l'humanisme numérique.

1. C'est le cas, par exemple, du jeu *Halo*.

Les liens de l'amitié

For a crowd is not Company ; and Faces are but a Gallery of Pictures[1].

Francis Bacon, *Of Friendship*

Qu'est-ce que l'amitié ? Ou plutôt, pourquoi l'amitié : comment se fait-il que les réseaux sociaux, la sociabilité numérique qui fait rage aujourd'hui se soient érigés et développés sur la base de l'amitié ? Est-ce un hasard, une coïncidence dictée par le choix des développeurs, les conjectures permettant un succès inattendu ? Est-ce un simple accident historique ? Ou bien existe-t-il quelque chose de déterminant et de structurant dans la relation d'amitié déployée dans les plates-formes dites « sociales » ? Une chose est sûre : l'amitié, dans ses variations et ses gradations (contact, ami, parent, etc.), est une constante qui s'est transformée en un agent capable de redéfinir le lien social et de donner lieu à une nouvelle réalité sociale. Car le vocabulaire comme les métaphores du « social » numérique supposent un lien puissant modelé sur l'amitié – sauf peut-être, dans certains cas précis, pour les liens de parenté (certains réseaux sociaux distinguent entre parents, contacts et amis). C'est dire l'importance de

1. « Une foule de peuples et de visages peut se regarder comme une galerie ornée de quantité de portraits. »

cette relation dans la formation d'une nouvelle civilisation. Si, dans les sociétés jadis dites « primitives » ou « traditionnelles », les liens de parenté constituent une grille organisant les hiérarchies sociales et politiques, l'amitié, dans ses déclinaisons numériques actuelles, nous donne à voir l'ébauche ou les premiers traits d'un ordre social en mouvement et en formation.

Certes, l'amitié n'est qu'un mot, une figure, une métaphore, un symbole rendus visibles et actifs par un simple bouton banalisé, un lien naturalisé dans le cadre des plates-formes sociales. Mais c'est précisément ce statut de figure et de métaphore qu'il faut interroger et examiner de près afin de mieux saisir les dimensions culturelles mises en jeu par l'amitié numérique.

« Échange » et « partage »

Dans tous les cas, il est question d'un échange, d'une forme de réciprocité (souvent même d'un désir de réciprocité), d'un contrat simplifié, d'une circulation et d'une volonté de partager. « Échange » et « partage » sont devenus des termes clés de notre quotidien numérique, évoquant nos rapports mouvementés avec le savoir et ses objets souvent en crise tout comme nos négociations avec les tribulations de l'identité numérique* et de ses pouvoirs. L'échange et le partage sont synonymes du réseau et de sa culture et jouent un rôle sans précédent dans l'économie du monde numérique, mais ils sont aussi les moteurs d'une forte dynamique sociale qui, tout en fragilisant les héritages multiples de notre culture savante, ne cesse de faire naître de nouvelles pratiques associées à une nouvelle culture qui nous paraît de plus en plus globale. Ainsi, le partage généralisé touche autant aux objets, aux personnes, ou, pour être plus précis, aux identités qu'aux cultures et aux activités. Une pratique globale qui, dans sa puissance générative, semble éliminer les différences et les spécificités locales et surtout imposer une forme unique, une plate-forme unique et une interface unique. On a parlé de réseaux sociaux, mais il est tentant de ne parler que d'*un* réseau social. Car le pluriel de ces réseaux est un piège et un leurre. Les premiers réseaux ont presque tous disparu pour céder la place, dans chaque genre, à un seul réseau et à une seule plate-forme : dans le social, c'est le triomphe de Facebook, dans le monde de l'image, c'est, pour le moment, Flickr, et dans le monde des relations professionnelles, c'est Linkedin. Cette concentration peut inquiéter et témoigne d'une logique économique dominante dans le monde de la culture numérique : la tendance à la formation de nœuds dans la cartographie des réseaux, au sens large du terme. Dans ce sens, cette concentration dessine une nouvelle géographie humaine qui réunit, selon des sphères assez spécifiques (monde professionnel, sociabilité, etc.), une grande majorité de la population du réseau. Mais, dans le cadre de la sociabilité numérique, cette concentration classique a des effets qui dépassent de loin la simple puissance économique. Elle risque de sacrifier la diversité au profit de la popularité, mettant en place de nouveaux mécanismes d'exclusion et surtout un nouveau paradigme du vécu quotidien au sein de l'environnement numérique. Il suffit pour apprécier cette réalité de noter la tentation presque irrésistible de tout faire à laquelle on est soumis sur un site comme Facebook. Cette tentation de tout unifier pose problème, car elle transforme une plate-forme en substitut potentiel au réseau, avec sa diversité et les libertés et découvertes associées à une navigation non soumise aux contraintes de la relation et du réseau personnel.

La convergence entre l'organisation du réseau social et les activités les plus banales mais aussi les plus essentielles (recherche, communication, etc.) institue un nouvel ordre qui, dans sa conception, exploite l'amitié afin de construire un monde quasi fermé, un réseau social qui, dans sa tendance naturelle, se substitue, au fur et à mesure, au réseau lui-même. Le glissement d'un réseau vers un autre implique un changement radical et annonce, si elle se confirme, une seconde instance de conversion numérique. Mais il traduit aussi le passage d'une culture ancrée dans l'idéal d'un partage libre et souverain à des relations qui, malgré les apparences, sont des pratiques soumises à des contraintes et des contrôles souvent inaperçus. Et c'est précisément autour de ces questions que l'amitié nous fournit une piste pour à la fois mieux comprendre et mieux évaluer les promesses comme les dangers potentiels de cette socialisation.

On a beaucoup étudié la sociabilité numérique[1]. Mais on a aussi souvent, dans une grande partie de ces analyses[2], oublié la spécificité de la relation qu'est l'amitié, négligeant notamment le discours classique[3]. Les questions générationnelles, le statut changeant de ce qui est considéré comme confidentiel et privé, l'émergence de nouveaux repères en ce qui concerne tout ce qui appartient à la sphère de l'intime dans une culture et un environnement voués au partage, de même que toute une série de problèmes du même ordre,

1. Nous ne citerons ici que les travaux de Danah Boyd, disponibles sur son site <http://www.danah.org/papers/> ; et, en français, ceux de Dominique Cardon, *La Démocratie internet*, Paris, Seuil, 2010, ou, entre autres, « Le design de la visibilité : un essai de typologie du Web 2 », <http://www.internetactu.net/2008/02/01/le-design-de-la-visibilite-un-essai-de-typologie-du-web-20/>, et les travaux d'Antonio Casilli, *Les Liaisons numériques*, Paris, Seuil, 2010, et son site <http://liaisonsnumeriques.fr>.

2. C'est un des effets de la différence entre l'amitié et la relation d'amitié sur les réseaux sociaux.

3. Par « discours classique », comme on le verra, on veut parler des textes de la tradition philosophique ancienne des Grecs jusqu'à l'âge classique. Il va de soi que l'amitié est un sujet à la fois riche et complexe et que notre discussion se borne aux thèmes qui sont les plus pertinents pour notre sujet.

nous incitent à laisser de côté ou même à méconnaître la pertinence du discours classique sur l'amitié. Comme si l'amitié n'était ici qu'un mot, une figure, une simple métaphore sans bagages culturels. On peut comprendre l'attraction et la pertinence des études exploitant la spécificité actuelle de la sociabilité numérique, étant donné la richesse des données (souvent quantitatives) disponibles.

L'amitié, selon nous, représente un exemple privilégié pour étudier la culture numérique, et voir comment elle se nourrit sans cesse de l'héritage culturel le plus large. Mais elle nous permettra aussi d'élucider la façon dont l'environnement numérique exploite les caractéristiques et les spécificités telles qu'elles ont été inscrites et codifiées par le discours classique philosophique sur le sujet. Le changement de vocabulaire ou, plus précisément, les nouveaux usages d'un vocabulaire ancien et connu résument les grandes transformations culturelles de notre histoire. L'amitié numérique ne fait que prolonger cette tradition. Ainsi, une analyse qui en confronterait les réalités actuelles avec notre culture de l'amitié montrerait à la fois les lignes de continuité entre l'ancien et le moderne et les ruptures entre les deux. C'est un cas de cette rugosité exposée dans le chapitre précédent. L'amitié est une notion tellement populaire, tellement « naturelle » et connue, qu'il est très facile de l'imaginer dans une simplicité innocente. Cette simplicité fait la force de son adoption numérique, qui a réussi à la traduire en site de valorisation et de construction de relations numériques. L'amitié est le site le plus visible de cette hybridité caractéristique du numérique dans tous ses états : un lieu de passage entre le « réel » et le virtuel, un lieu de rencontre entre le concret et l'imaginaire d'un réseau en expansion permanente. Ce sont les formes d'expansion de ce réseau, ces contraintes introduites par les plates-formes dans leur quête ininterrompue de popularité qu'il faut interroger.

Les rencontres se font aujourd'hui différemment, souvent sur le réseau et à travers ses dispositifs. Les échanges sont de plus en plus centralisés, malgré les apparences d'une diversité de points d'accès. Ces rencontres et ces accès sont sans cesse, nécessairement, partagés : ce ne sont qu'une forme des relations structurant notre mode d'existence sur le réseau. Mais la dynamique relationnelle entre les identités n'a pas beaucoup évolué. Ce qui a véritablement changé est néanmoins important : il faut le préciser et lui donner toute sa valeur dans un examen critique de l'émergence et de la naturalisation de l'amitié au sein de l'environnement numérique.

Matérialité de l'amitié

Si la culture numérique s'approprie l'amitié, elle le fait à sa manière, comme elle l'a déjà fait avec d'autres concepts et métaphores de la culture de l'imprimé (la page, la figure de l'auteur, etc.). Mais avec toutefois une différence radicale. Le numérique ne cesse de convertir tout ce qui est hérité, tout ce qui est pré-numérique, car il est, de par sa nature, voué à ce travail continu de conversion. De l'analogue au « digital », ce n'est pas seulement une réalité technique, c'est aussi, et surtout, une vérité culturelle et sociale qu'il faut apprécier pour ce qu'elle est. L'importance de l'amitié, dans ce contexte, dérive en grande partie du fait qu'elle représente peut-être la première « donnée » humaine universelle convertie et numérisée à une échelle globale. La page et la figure de l'auteur sont des constructions culturelles et matérielles liées à des supports et à des techniques qui ont évolué dans le contexte d'une culture et se sont imposées en partie grâce à une convergence entre la loi et une économie du savoir. Elles sont ainsi des produits historiques marqués par un discours et une époque et leur évolution, fragilisée aujourd'hui par les pratiques numériques courantes, accompagne l'émergence d'une nouvelle forme de la technique. Mais elles restent des objets opératoires dans un cadre défini par la technique et la loi, par la technique et l'économie et par la technique et la culture. L'amitié, elle, n'est pas sujette à la loi. Elle n'est point un objet matériel, un objet soumis aux contraintes d'un support, si ce n'est le discours. C'est cette spécificité de l'amitié, relation avec certes des expressions matérielles mais qui reste néanmoins autre, qui lui confère ce statut particulier.

L'amitié est une réalité facilement reconnue mais difficilement quantifiable. Elle est à la fois souple et amorphe, et c'est dans ces qualités qu'elle peut nous éclairer sur les mécanismes actuels de la sociabilité numérique. En premier lieu, l'amitié traditionnelle est restreinte : c'est une affaire entre individus, entre un petit nombre d'individus. Elle est caractérisée par la rareté. Dans le monde numérique, cette dimension restreinte n'est pas acceptable : tout le système est conçu pour étendre et élargir la relation d'amitié à tout réseau. L'échelle globale et uniforme du réseau transforme la relation intime en un spectacle public. Mieux encore, du fait de sa présence sur le réseau social, l'espace de l'intimité s'élargit nécessairement et il est soumis à des contraintes externes et à des règles normatives. Ainsi, ce qui était unique devient commun, ce qui était un privilège devient à son tour (presque) un droit. Les lois de la conversion numérique sont toujours les mêmes, qu'il s'agisse de droits, de discours ou de relations entre individus et identités. Tout doit basculer vers le commun et devenir accessible, voire visible, à tous. C'est une sorte d'impératif inhérent au monde numérique : l'accès, la visibilité, le partage et la circulation. Cette première conversion de l'amitié explique en partie les raisons pour lesquelles elle est devenue le moteur incontestable d'une nouvelle réalité et l'agent d'un nouveau quotidien. C'est parce que le réseau social est conçu et construit pour instaurer un nouveau régime participatif qu'il rend la relation amicale transitive. Pour continuellement élargir le réseau et étendre son accès, l'amitié, même simplifiée, est consacrée comme l'instance d'une pertinence déterminante, d'une pertinence même absolue, car dans son nouveau cadre elle rend intelligibles presque tous les choix (lecture, image, ce qui explique l'association avec le bouton « J'aime » de Facebook, par exemple). L'amitié n'est plus ici un rapport entre deux ou plusieurs individus, elle devient une communication de cette relation et une invitation à échanger la relation elle-même. Ainsi, les systèmes de recommandation formalisent ce glissement : les amis se partagent comme l'amitié. Et la culture du partage induit une nouvelle valorisation de cette relation comme véhicule à la fois d'un savoir et d'une volonté de partager et, en fin de compte, de montrer ce savoir. C'est en ce sens que la visibilité, dans toute sa richesse et sa complexité, est une partie intégrante de la sociabilité numérique. Mais, comme on le verra, elle constitue aussi un élément majeur de la réflexion classique sur l'amitié.

Une confrontation entre le discours classique sur le sujet et les pratiques actuelles dans les réseaux sociaux permettra de saisir la portée radicale de l'amitié numérique et de mieux apprécier son potentiel transformateur de l'ordre social. En d'autres termes, le discours classique, en nous offrant un point de vue privilégié sur l'instrumentalisation d'une relation comme l'amitié, nous donne à voir la nouvelle logique qui anime l'*habitus* numérique tel qu'il est en train de s'installer dans notre culture. La civilisation numérique se caractérise ainsi par sa gestion spécifique du lien social et par sa manière de construire un nouveau statut du pouvoir inscrit dans le réseau sociabilisé et soumis à ses effets. Cet *habitus*, on le sait déjà, privilégie en grande partie des formes visibles de popularité et valorise la visibilité, voire une forme inédite de transparence publique. Ces nouvelles valeurs sont des valeurs tant économiques que culturelles et symboliques. Elles sont capables de modifier non seulement la société, mais aussi la production et la transmission du savoir. L'amitié façonne la visibilité et met en place de nouveaux critères définissant la distinction. Dans ce contexte, elle fait appel à l'image dans toutes ses dimensions.

Économie de l'image numérique

L'image est l'agent transformateur de l'identité numérique dans un contexte soumis à des contraintes explicites et à des convenances puissantes. Ces contraintes et ces convenances forment la base d'un nouveau contrat social qui reste à préciser et à évaluer, et surtout à rendre public dans toutes ses conséquences privées et publiques. Plus encore, ces contraintes incorporent une métrique des formes et même des formats de la reconnaissance dans la nouvelle économie affective[1] du social numérique. Il nous faut imaginer une nouvelle civilité, une civilité de l'amitié numérique, qui, comme celle décrite par Norbert Elias, est « constituée d'un ensemble de pratiques et d'attentes organisées, qui déterminent la façon dont se manifeste la présence individuelle et sa place au sein d'une hiérarchie contrôlée[2] ». Une telle métrique est à la fois puissante et transformatrice : puissante, parce qu'elle soumet ce qui était affectif au régime quantitatif ; transformatrice, parce qu'elle promet la préservation et la transmission d'une relation au-delà des personnes et des identités. C'est une sorte de promesse de survie et d'éternité qui prépare la transformation de l'humain par la technique et qui incarne le nouveau tournant cognitif associé à la culture numérique. Si l'on parle d'une « nouvelle économie affective », c'est pour insister sur la nouveauté de la sphère publique émergente

1. Nous nous permettons de renvoyer ici à la première édition de *La Grande Conversion numérique*, *op. cit.*, surtout p. 21-23.
2. *Ibid.*, p. 21-22.

fondée sur les liens de l'amitié numérique. C'est une sphère publique de plus en plus virtuelle, dans le sens noble du terme, habitée par de nouvelles formes de compétitivité mesurables visant la mise en place de possibilités d'accès (à l'information, au réseau, aux relations, et surtout à la présence visible et reconnue). C'est aussi une sphère publique associée à une nouvelle économie de l'image, avec des valorisations inédites, et circulant dans le réseau tout court et entre réseaux sociaux. L'image, curieusement, devient le site d'un conflit et d'une rivalité entre le réseau classique et le réseau social, entre deux modèles et deux modes d'usage distincts de la technique et de la présence. Car la logique du réseau ne se réduit pas à celle du réseau social : de l'un à l'autre, l'écart entre conformité et singularité s'amenuise graduellement au profit d'une nouvelle circulation de l'identité et de ses valeurs. C'est précisément autour de la circulation de la valeur, de l'échange de la monnaie affective et sociale, que l'amitié classique retrouve toute sa force et sa pertinence aujourd'hui.

Mieux encore, un regard critique sur le vocabulaire de l'amitié, celui d'Aristote et celui des Modernes, permettra de mettre à l'épreuve cet humanisme numérique inspiré largement de Vico et de ses réflexions à la fois étymologiques et méthodologiques. Si l'on fait appel aux Anciens, ce n'est point pour insister sur la continuité culturelle sans faille ni pour imposer une interprétation historique quelconque. Bien plutôt, l'apport de ce rapprochement émane de la comparaison entre le discours classique et l'actualisation de l'amitié comme principe fondateur de la sociabilité numérique, comparaison qui met au jour les décalages et les glissements conceptuels de l'héritage de l'amitié à sa réalité contemporaine telle qu'elle se manifeste dans l'environnement numérique. Plus encore, cette comparaison nous incite à mieux définir le rôle et le statut de l'image dans un univers où le discours et le texte semblent dominer. L'image est d'autant plus importante qu'elle est devenue quasi inévitable et du coup inaperçue, occupant souvent le lieu du texte et de la parole, jouant le rôle de représentant, de suppléant et de symbole. Le Web 2.0 a transformé le réseau en un lieu ou en une demeure de l'image. C'est comme si la sociabilité numérique requérait une fonctionnalité de l'image aux dépens du discours, de la parole et du texte.

Comment expliquer, avant de parcourir quelques-unes des thèses classiques concernant l'amitié, ces pouvoirs de l'image dans la sociabilité numérique ? Comment comprendre la nécessité de l'image dans cet espace d'échange et de communication ? Pourquoi une identité sur un réseau social ne peut-elle exister sans une image ? En effet, si l'utilisateur ne choisit pas lui-même une image pour le personnifier, la plate-forme lui en assigne une, un profil vide qui le marque et le représente. Cette pratique se retrouve même dans les systèmes d'exploitation des ordinateurs : pour créer un compte, on est obligé de choisir un avatar*, un portrait. Comme si le nom ne suffisait plus pour représenter l'identité dans la nouvelle économie numérique. Il faut se montrer et non plus seulement se nommer. Il faut se donner à voir, s'exhiber.

L'identité doit être à la fois présente et visible. Elle est censée être communicable, transmise par l'image. Cette image, il va de soi, peut être modifiée à volonté, selon l'humeur ou la situation. Mais, pour l'instant, retenons simplement la dimension de cette image de l'identité. Il est frappant de constater que, malgré le développement remarquable de la technique ces dernières années et de sa capacité de transmission et de stockage des données, l'image, partout présente, s'est de plus en plus miniaturisée. Encore une fois, le potentiel monumental de la culture numérique s'accompagne d'effets pervers, des effets de miniaturisation. Le plus grand, ce qui assume une volonté à la fois universelle et totalitaire, se retrouve, quant à l'identité individuelle en tout cas, dans le plus petit, dans l'infinitésimal. Cette relation, il va sans dire, ne se limite pas à des identités et des personnes. Elle couvre tout le champ de ce qui est accessible et représenté sur le réseau : livres, conversations, données, etc. Le livre est une couverture, un dialogue, deux visages. L'avatar est devenu ainsi un espace privilégié de cette sociabilité numérique et l'image n'est qu'un masque complexe, un lieu de passage. À la fois espace d'interactivité et lien vers du textuel ou d'autres images, cette image représentant l'identité numérique est une icône, dans le sens théologique du terme. Elle incarne le sujet et formalise les relations entre une figure et sa présence.

L'image concentre des relations et des rôles : lecteur et spectateur, auteur et artiste, promeneur et voyeur. Cette fonction de l'image est relativement nouvelle au sein de l'environnement numérique. Elle suit une première phase, une période durant laquelle les sites (c'était avant l'ère du social) représentaient les personnes selon des critères relativement fixes et codés. On se rappelle tous ces images, proches du monde de la publicité de l'époque, et qui symbolisaient sur les sites divers la foule, le public, ou bien les employés des grandes entreprises ou du secteur public. Cet usage codifié et relativement stable a rapidement disparu, au profit de la personnalisation caractéristique du Web 2.0 et de sa sociabilité. L'image est désormais ou bien totalement arbitraire mais vide, ou bien choisie par la personne et toujours modifiable. Ce glissement est souvent pensé en des termes assez révélateurs : comme le passage d'un stade de fixité représenté par la nature des sites Web (dits 1.0) à un espace plus dynamique et surtout interactif. L'image effectue à la fois cette transformation et la matérialise. Elle tient lieu de passerelle entre le public et le privé activé par le Web social. Curieusement, cette dynamique de l'image est surtout associée à la photo numérique et non pas, pour l'instant, à la popularité croissante de la vidéo. Peut-être est-ce lié à une raison purement technique : la photo numérique est plus facilement citable ; elle circule plus librement et plus facilement. Pour apprécier ce phénomène, il suffit de suivre une image disponible sur un site comme Flickr avec une licence Creative Commons (c'est-à-dire une licence qui d'habitude autorise la réutilisation des images publiées souvent sans aucun droit de modification et avec l'obligation de précision de leur origine et de leur auteur). Prenons une photo d'un monastère en France, Fontfroide par exemple, publiée par un utilisateur qui a visité le site : elle se retrouve dans un site consacré à l'architecture monastique, dans un autre site animé par la Région, sur un site historique racontant l'épopée des Cathares et sur un dernier voué aux jardins. Cette libre circulation nous est bien connue, mais ce qui peut-être est nouveau, c'est le découpage numérique de l'image originale elle-même, c'est-à-dire les composantes multiples de zones de présence, de formes d'expression et de significations. L'économie de l'image numérique, comme de tant d'autres objets numériques, réclame de nouveaux outils et de nouvelles méthodes d'analyse, car elle dépend de l'interopérabilité des plates-formes comme des nouvelles manières de rechercher – qui, par exemple, allient titre, mot-clé, géolocalisation et licence. La forme est ainsi modifiée pour inclure une dimension sémantique flexible et autonome, indépendante de toute origine ou de toute espèce d'autorité. La puissance de l'image dérive en grande partie de sa modularité, c'est-à-dire de sa citabilité. L'image, dans ce contexte, fonctionne comme un fragment. Elle rejoint l'anthologique en l'associant, mais d'une manière on ne peut plus explicite, à l'ontologique. Elle jouit pleinement de l'économie sémantique du réseau, étant, par la nature même de ce dernier, vouée à la circulation.

La libre circulation de l'image pointe vers son équivalent : la libre circulation de l'identité numérique et de ses relations. Ainsi, l'icône ou le portrait, associés à une identité spécifique, permettent l'accès, depuis plusieurs supports (Web, téléphone mobile, etc.), au réseau comme à la communication. L'individu, grâce à la sociabilité numérique, voyage et transporte avec lui ses liens et ses relations. Il n'est désormais plus seul. Disons que, par principe, le réseau social abhorre la solitude. D'où l'importance de l'accès, qui mène souvent (pour ne pas dire toujours) à cet écosystème social lui-même. Cette portabilité des relations et de l'amitié est essentielle, car elle définit la spécificité de la temporalité de la sociabilité numérique et de sa dépendance vis-à-vis de l'urbanisme virtuel. Le réseau devient l'*habitus*, dans tous les sens du terme. L'identité numérique ne fait dans ce cas que circuler dans cet univers hybride ; elle ne cesse de se retrouver dans son propre réseau, toujours en quête d'extension. Sa vision, ses perspectives, ses regards comme ses interactions sont toujours restreints aux limites des relations et de leurs étendues, mais également portables.

Cette virtualisation de l'échange comme de la présence trouve aujourd'hui une expression remarquable : il s'agit du modèle de Bumping[1]. Il existe maintes applications qui permettent l'échange de liens, d'adresses et de coordonnées entre deux individus par le simple geste de se « toucher » avec deux mobiles. Le passage par le corps, par le corps technique ou le corps associé à la technique, est un acte de communication. Le corps devient le lieu premier de la communication. Il est aussi l'agent transformateur du corps en une instance du

1. Le nom de l'application vient du verbe *to bump into*, « entrer en contact avec ». J'ai choisi de traduire le mot par « toucher » pour mettre en relief la dimension physique du contact en question. Pour une démonstration de l'usage de l'application, voir <http://bu.mp/videos>. Cette technologie est même utilisée pour transférer de l'argent avec PayPal : voir <https ://www.thepaypalblog.com/2010/03/paypal-launches-send-money-2-0-for-iphone-the-best-app-for-mobile-money-transactions/>.

réseau social, une incorporation de l'individu dans ses rapports avec le ou les supports numériques.

Le toucher devient, comme cela a souvent été le cas, une technique, mais cette fois dans un nouveau monde et avec de nouveaux outils dont l'objectif principal reste l'élargissement du réseau social. L'outil à la fois est une extension de l'individu et tient lieu de l'identité dans le réseau social. Ici encore, on voit le rôle déterminant des réseaux sociaux. Ce qu'il faut retenir dans ces applications du « toucher », ce sont l'incorporation du réseau dans le corps de l'individu et l'identification de l'outil avec ledit corps. Le pouvoir de la sociabilité, grâce à la technique, permet de passer de la mobilité de l'usager et de l'accès au réseau à la modification du statut du corps de l'individu et à la mise en place d'un nouveau corps social. Cette nouveauté bénéficie d'une convergence toute récente entre la présence et le lieu. La temporalité et l'espace de l'interactivité actuels, ce qu'on a pris coutume de désigner comme le « temps réel » ou le « flux », s'actualisent et se matérialisent non pas seulement sur les plates-formes sociales mais aussi dans les outils et le mode de communication entre individus. Le temps réel, dans ce contexte, est un moment de coprésence sur un réseau social, et cette coprésence est animée soit par une image, soit par le corps des utilisateurs. C'est dans ce sens que le paradigme du *Cloud Computing* modifie d'une manière radicale notre quotidien : on voit bien ici que le corps, inscrit dans la chaîne de communication, devient une partie intégrante de notre interface avec l'environnement numérique. Une des caractéristiques de notre époque est la transformation graduelle des interfaces. On ne cesse de passer d'une série d'interfaces extérieures et localisées à une généralisation des interfaces à tous les objets de notre environnement. Cette évolution touche au corps même : si le mobile en est une extension, le corps lui-même est en train de devenir une extension du réseau social. Tandis qu'il occupe une position inédite dans la civilisation numérique, son image joue un rôle équivalent. Plus encore, cette coprésence est enrichie par la réalité augmentée : elle peut bénéficier d'une autre forme de présence qui fait jouer les données accessibles publiquement avec la géolocalisation et la représentation, par une image ou un avatar de l'individu. Ces pratiques solidifient le rôle de l'image et accentuent l'exploitation des relations modelées sur l'amitié dans le monde numérique. Dans cette double économie, de la présence et des interfaces, l'image trouve une place inédite.

Prenons un dernier exemple de cette manière de communiquer son « identité » par une forme du toucher. Poken est un service de plus en plus populaire ; en voici la description officielle : « Pour activer votre Poken, rien de plus simple : Séparez le corps et la main du POKEN et enlevez la languette de couleur qui préserve la batterie. La prochaine fois que vous rencontrez quelqu'un, vous n'avez qu'à Pokener ! Une lumière verte confirme que les données ont été échangées. En le connectant à votre ordinateur, vous avez accès aux informations de votre contact. Vous pouvez télécharger les données que vous souhaitez afin de les réutiliser avec des logiciels [...]... par un simple clic[1] ! »

Le toucher est le lieu de passage et le site d'une transmission des détails d'une identité numérique. Le toucher ouvre la voie vers un autre réseau qui a ses origines dans la réalité du corps comme interface, comme site physiologique de communication. Mieux encore, le système transmet automatiquement ces données aux réseaux sociaux (Facebook, Linkedin, etc.). L'identité numérique intègre à la fois l'image de soi dérivée en partie des réseaux sociaux et les données associées à cette image. Elle rend ces données transmissibles par un simple acte de toucher, étendant ainsi le réseau social

1. <http://www.poken.com/overview>. « Poken » vient du verbe anglais *to poke*, c'est-à-dire « pousser du doigt », « toucher ».

en associant les fonctionnalités de la sociabilité dans le hasard des rencontres.

Si la fonction de l'image en question ici nous est bien connue grâce au monde des jeux en ligne et aux mondes virtuels, ce sont les réseaux sociaux qui ont généralisé ces usages et surtout imposé son association à l'écosystème personnel et aux représentations de l'identité numérique. La mutation du sujet et de ses modes de présence ne fait qu'exprimer les spécificités de la nouvelle civilisation numérique, notamment dans son exploitation des relations sociales, et en particulier de l'amitié. Le Web social est inséparable de l'urbanisme virtuel dans la mesure où il a besoin d'une multiplicité de lieux hybrides qui sont des sites de vécu et des espaces de rencontre et de communication, des lieux de visibilité. Dans son évolution, ce Web social touche à tous les espaces de la société et de la culture : les lieux de débats, en transposant la sphère publique vers son espace de conversation déclinée en partie sur les plates-formes (Twitter, Facebook, etc.) ; l'espace du savoir, en s'imposant comme modèle, en tout cas pour le moment, aux institutions culturelles (les bibliothèques, les institutions culturelles et bientôt les universités, etc.) ; et, finalement, l'espace de l'intime et du privé, en le transposant en quelque sorte sur le réseau lui-même.

Autrement dit, le Web social radicalise un modèle spécifique du partage et de l'échange qui s'installe au cœur de ce modèle de l'amitié – ou plutôt une version de l'amitié à préciser.

Une dernière observation avant de rappeler quelques idées fortes sur l'amitié dans le discours classique. La nouvelle inscription du corps à travers à la fois l'image et la technique actualise une idée du partage et de la présence dans un sens spécifiquement numérique. Le corps est une identité, une présence, mais aussi une relation avec l'autre, avec les autres, un outil de communication. Ce qui est échangé et partagé, c'est, tout simplement, la position de ce corps dans un réseau, et son identité est en partie constituée par l'étendue et la valeur de ses relations. Cette nouvelle donne explique également l'importance croissante des économies du voisinage. On est en partie reconnu par son réseau personnel et on partage et agrandit son réseau en fonction de ressemblances ou de similarités supposées et articulées par le système, qui essaie d'associer (par la recommandation) de nouvelles relations en fonction de la position d'une identité sur le réseau. Le partage est donc à la fois un acte qui crée une identité et une position qui permet d'identifier les autres. Le voisinage, le fait d'être proche d'un autre, devient un indice de pertinence et une invitation à partager ses relations. Le modèle du voisinage est générique dans le sens où il se retrouve partout dans l'environnement numérique. Il répond à la dimension ontologique, exploitant les croisements entre mots-clés, tags et localisation d'un côté, et les rapprochements rendus possibles par les autres procédures automatiques (géolocalisation, etc.) de l'autre. Le modèle de la suggestion, tellement puissant dans le Web 2.0, illustre le nouveau statut du contexte dans l'intention des utilisateurs.

Après ces questions soulevées par l'image, évoquons quelques-unes des définitions de l'amitié. Nous nous limiterons ici à trois thèmes principaux : la communauté, la visibilité et le calcul. Pour la dimension communautaire, nous suivrons Aristote dans le Livre VIII de l'*Éthique à Nicomaque*[1] ; pour la visibilité, nous lirons le dialogue consacré à l'amitié par Cicéron ; et pour le calcul, comme pour l'image nous nous reporterons à l'essai du chancelier Bacon sur l'amitié. Les textes anciens traitant de l'amitié sont nombreux et notre choix s'explique par la volonté de mettre en relief les questions les plus directement liées à notre étude du statut de l'amitié dans la sociabilité numérique.

1. Pour le texte grec avec une traduction, voir <http://mercure.fltr.ucl.ac.be/Hodoi/concordances/aristote_nicomaque_08/lecture/1.htm>.

Aristote : une psychologie de l'amitié

Pour Aristote, l'amitié est inséparable de la vertu[1]. De par sa nature, elle ne peut exister qu'entre deux personnes. Elle n'a donc aucune forme physique. Cette définition de l'amitié est on ne peut plus importante, car à la fois elle marque l'opposition d'Aristote à ses prédécesseurs (surtout Empédocle et Héraclite) et inscrit fermement cette relation dans l'humain. Selon Aristote, on ne peut pas avoir de l'amitié pour les choses (dans ce cas, il sera question d'une forme d'attachement). L'amitié est un sentiment exclusivement réservé aux humains. Ce qui distingue l'humain de l'inanimé, c'est en grande partie l'amitié et ses liens, en tout cas pour Aristote, avec la morale. Mais le philosophe essaie de tracer les frontières entre les rapports imaginables ou possibles entre les choses et les relations entre les hommes. Les choses permettent le mélange, la combinaison, mais ne sont point capables de donner lieu à une relation de portée morale. La dimension morale qui est au cœur de l'amitié explique la spécificité politique de cette relation et le rôle qu'elle peut jouer dans la genèse des rapports humains. Cette première différence associe l'amitié à la fois à l'éthique en général mais aussi, et c'est cette orientation qui semble la plus pertinente pour la culture numérique, à la genèse de toute communauté.

La méthode d'Aristote dans l'*Éthique* est exemplaire : après avoir établi une typologie exhaustive de l'amitié (elle peut réunir les contraires et associer les semblables, ses rapports avec l'amour et les liens de parenté, etc.), il procède à une réfutation critique des anciennes théories de l'amitié. Ce qui est le plus frappant, c'est l'absence d'une définition

1. « L'amitié est une vertu, ou du moins est toujours unie à une vertu » (*ibid.*, 1155a).

explicite. En effet, la méthode d'Aristote est purement négative : en visitant le discours des autres sur l'amitié, il nous dit ce qu'elle n'est pas et ce qu'elle ne peut pas être, sans jamais préciser explicitement ce qu'elle est. En bref, l'amitié semble être pour lui quelque chose d'indéfinissable, et pourtant elle est célébrée comme une relation constitutive de la communauté, de toute communauté humaine. Or qui dit communauté dit aussi partage.

Le partage est ainsi dépeint comme l'essence même de l'amitié. Mais il s'agit d'un partage de sentiments et non pas d'opinions ou de croyances. Cette spécificité explique la difficulté, voire l'impossibilité, de définir l'amitié pour Aristote. Car les opinions et les croyances obéissent à un régime de rationalité autre qui ne peut pas à lui seul rendre compte de l'importance et de la centralité de l'amitié. Mieux encore, les sentiments permettent une vision de la communauté formée à partir d'opinions façonnées par les intérêts matériels, mais par des sentiments qui, semble-t-il, répondent à d'autres soucis, c'est-à-dire d'une convergence d'ordre moral. En rejetant les théories cosmiques de l'amitié (les éléments peuvent se combiner mais ne peuvent ni s'aimer ni se lier par une relation de ce genre), Aristote psychologise ce sentiment. Mais ce choix ne résout pas le problème du partage. Car, pour les pythagoriciens comme pour les stoïciens, la communauté, définie par un partage d'opinions et de croyances philosophiques, implique une égalité et un partage sans limites entre ses membres. On est alors plus proche d'une communauté assimilable à une secte ou à une religion que d'une communauté capable d'accueillir la différence, voire la dissidence. Ce qui est en jeu ici, c'est la propriété dans ses rapports avec une communauté fondée sur l'amitié idéale.

Peut-on ou doit-on tout partager avec son ami, avec ses amis ? Peut-on ou doit-on abandonner toute propriété individuelle au profit de la collectivité ? Ou bien faut-il préserver la propriété individuelle et la soumettre au choix de l'ami ? Derrière ces questions, on retrouve les problèmes qui sont en grande partie les nôtres aujourd'hui dans la culture numérique : quels sont les liens entre le partage, l'amitié numérique et le domaine public ? Quelles sont les formes d'échange et l'économie qui les soutient dans le monde de la sociabilité numérique ? Est-ce que l'amitié numérique inaugure une nouvelle ère, avec un nouveau paradigme de la propriété et de la valorisation ? Ou bien s'agit-il tout simplement d'une exploitation économique classique de la mise en forme numérique de l'amitié et de ses extensions par les plates-formes actuelles ?

Si l'amitié est inséparable du partage et de la propriété, quelles sont les conséquences de l'amitié numérique sur nos idées concernant la propriété intellectuelle, au-delà du simple copyright lié aux droits d'auteur ? Faut-il voir dans la sociabilité numérique l'émergence d'une nouvelle économie, avec ses propres conceptions de la propriété, ou bien une sorte de perversion de l'idéal de l'amitié au profit d'une exploitation financière du partage ?

La thèse péripatéticienne selon laquelle l'amitié est un partage de sentiments et non de croyances ou d'opinions sert à dépasser une définition « utilitarienne » de l'amitié. Si l'amitié donne lieu à une communauté non pas seulement de biens mais surtout de sentiments, sa finalité n'est pas mesurable comme les autres valeurs, ni comme les autres formes de propriété.

Ainsi, on n'est pas surpris de voir que l'amitié pour Aristote est intimement liée à la justice : « L'amitié et la justice semblent, comme on l'a dit au commencement, se rapporter aux mêmes objets, et avoir des caractères communs ; car l'une et l'autre se retrouvent dans tout ce qui établit quelque communication entre les hommes. Aussi appelle-t-on quelquefois amis ceux avec qui l'on navigue dans le même vaisseau, avec qui l'on fait la guerre dans la même armée, et pareillement avec qui l'on a des intérêts et des circonstances communes et propres à rapprocher les hommes entre eux. L'amitié même se mesure sur la quantité des rapports communs ; car la justice y intervient aussi dans la même proportion. Et le proverbe "Entre amis, tout est commun" est, à cet égard, d'une parfaite justesse[1]. »

Amitié et justice se ressemblent. Toutes deux supposent une communication entre humains et mettent en partage les biens comme les sentiments. Peut-on voir là un premier modèle des réseaux sociaux dans ce discours sur la communauté partagée ? Les thèses d'Aristote, comme de tous les Anciens, reposent aussi sur la dimension absolument volontaire de l'amitié. Cette relation ne peut être ni imposée ni obligatoire, elle procède d'un choix essentiel et déterminant et d'une réciprocité libre. Dans le cadre de nos réseaux sociaux aujourd'hui, toutes les apparences nous amènent à la voir comme une liberté de choix et de partage. Pourtant, à regarder les choses de plus près, il n'est pas difficile de déceler derrière ces apparences une série de contraintes importantes. La communauté semble opérer sur un double registre : ou bien une invitation au partage ou bien, tout simplement, des mécanismes d'exclusion. Le cas de Facebook est ici exemplaire. En premier lieu, il est devenu quasi impossible de fermer un compte et surtout de l'effacer[2]. Comme si non pas seulement l'amitié mais aussi le choix de participer à une communauté étaient des actes irrévocables. Comme si, une fois inscrit sur la plate-forme, on n'avait plus le droit de la quitter. Le choix d'entrer et de participer est

1. *Ibid.*, 1159b.

2. Cette particularité de Facebook a donné lieu à une série de guides pour aider les internautes à effacer leur compte. Le système de Facebook repose sur un piège : une fois connecté, même pour essayer d'effacer un compte, ce compte est réactivé ; du coup, il faut chercher une solution externe. Par exemple, voir <http://www.wikihow.com/Permanently-Delete-a-Facebook-Account>.

certes libre, mais le départ ne l'est point. Cette pratique pervertit l'aspect volontaire de la sociabilité numérique. Une des explications de cette difficulté à effacer un compte consiste à dire que cela entraînerait la disparition des archives de données, liens et conversations avec ses amis que l'utilisateur avait choisi de partager, et du coup créerait des trous et des espaces vides dans le réseau. Cette explication, jamais explicite, nous semble motiver, au-delà des raisons économiques, la logique absolutiste des réseaux sociaux aujourd'hui, en tout cas pour Facebook.

Elle radicalise en tout cas la réciprocité dans la relation d'amitié : ce qui est offert et partagé n'appartient plus simplement à celui qui a initié l'échange mais fait désormais partie intégrante de la sphère publique du réseau social. L'intérêt collectif ou communautaire semble l'emporter sur le choix individuel. On a affaire à une sorte d'éthique du groupe qui fait primer les droits de la collectivité sur les choix certes compréhensibles mais en fin de compte irrecevables de l'individu.

Ce tournant communautaire peut s'expliquer aussi par une matérialisation de l'amitié, par son association non plus aux sentiments, pour reprendre les termes d'Aristote, mais aux biens et aux opinions, voire aux croyances. Ainsi, la dimension collective l'emporte sur le choix individuel. Mais est-ce vraiment légitime dans le cadre d'un réseau social ? Est-ce même désirable de céder un tel pouvoir à une plate-forme[1] ? On voit ici les limites d'un modèle communautaire à sens unique. Le bien commun, dans une interprétation restreinte, semble s'imposer au-delà des désirs et de la volonté des individus. Ce glissement repose sur la différence entre les sentiments et les opinions ou les croyances. Pour Aristote, des amis, même s'ils partagent des sentiments, ne mènent pas nécessairement une vie semblable et ne partagent pas nécessairement une même philosophie.

1. Voir à cet égard le nouveau réseau social de Google, Google +.

Ce qui les réunit, c'est le sentiment. Ainsi, dans cette acception ouverte de l'amitié, un individu n'est point obligé de s'associer à la manière de vivre de son ami. Dans le cas de Facebook, par exemple, un utilisateur devrait pouvoir maintenir une amitié sans rester membre du réseau de son ami. Le geste de l'amitié devrait pouvoir trouver d'autres formes d'expression que celles imposées actuellement par le logiciel. Le problème se pose donc eu égard à l'exclusivité de la plate-forme, à sa modélisation de l'amitié et surtout à sa manière d'imposer une vision uniforme et homogène d'une relation qui, par principe, est un lieu de rencontre des différences comme des similarités partagées. Malgré les nombreux avantages de l'environnement numérique, l'amitié ne peut y exister qu'à travers une présence permanente. Cette présence est souvent soumise à des contraintes conçues pour la croissance continue du réseau et qui prennent rarement en compte le choix individuel.

On peut dire que ces réseaux fondés sur l'amitié actualisent un autre idéal de cette relation : la vraie amitié est un choix, et un choix pour toute la vie. Cette transposition se traduit par une forme d'exclusivité et par des mécanismes de rétention draconiens. Le texte d'Aristote, associant amitié et justice, introduit une mesure qui est l'expression du degré de partage entre amis : le partage juste n'implique pas une égalité de richesses ou de propriétés mais une réciprocité libre et une volonté de donner et de se livrer à l'ami selon ses propres choix. Cette mesure met en place une autre forme d'égalité : les amis ne peuvent être qu'égaux et équivalents. En d'autres termes, malgré parfois les différences d'âge, de statut social ou d'éducation, les vrais amis sont toujours des égaux. L'amitié n'admet point de hiérarchie dans les relations. Cette absence de hiérarchie est une caractéristique majeure de la culture numérique actuelle : on la retrouve dans l'organisation libre et variable des rapports entre groupes et individus ; on la découvre aussi dans la méthode de production du savoir et de sa circulation, comme dans la tendance à privilégier les productions collectives, souvent anonymes. Dans cette perspective, la sociabilité numérique accompagne parfaitement le conflit de légitimité occasionné par les pratiques actuelles sur le réseau. La prolifération des plates-formes permettant aux individus de sélectionner et de qualifier des données, la multiplication des moyens d'accès et de transmission de ces données comme l'augmentation des moyens de mesurer et de comparer ces valorisations sont tous des indices de l'émergence de nouveaux critères de légitimité et de nouveaux repères de pertinence qui ont leur point de départ dans un idéal social ancré dans des modèles dérivés de la justice et de l'égalité. Mais ce pouvoir de ce qu'on a souvent caractérisé comme le « partage horizontal » n'est pas le même dans tous les domaines.

Il suffit de comparer *Wikipédia* et Facebook pour apprécier l'importance toujours renouvelée des idées d'Aristote sur l'amitié. *Wikipédia* est une plate-forme d'échange, de partage et de production du savoir. Les liens entre les contributeurs ne sont pas nécessairement des liens d'amitié. En fait, ce sont souvent des liens difficiles, de contestation et de polémiques. Il s'agit de compétences et de volontariat. L'accumulation du savoir, l'évolution continue de la plate-forme et surtout l'accès libre à ses données sont les facteurs majeurs de son succès. Ainsi, *Wikipédia* nourrit aujourd'hui de multiples applications et plates-formes associées (Wikisource, etc.), ses données se retrouvent dans une multiplicité de contextes, dans plusieurs langues et dans des usages divers. Bref, *Wikipédia* incarne clairement cet idéal du partage et surtout de l'accès égalitaire et libre au savoir. Mais *Wikipédia* n'est pas un réseau social et ne peut pas en être un. Il ne fait appel ni à l'amitié ni à des relations d'ordre psychologique entre des individus ou des identités. Son fonctionnement, même s'il est parfois critiqué, a mis en place un savoir partagé comme un bien commun[1].

La question qui se pose ici est la suivante : un réseau social fondé sur une variation de la relation de l'amitié peut-il devenir une plate-forme comme *Wikipédia* ? Ou bien la nature même de cette relation façonne-t-elle à la fois la structure et l'information produite et partagée sur ce réseau d'une telle manière qu'elle est essentiellement autre et différente ? Et si c'est le cas, comment comprendre et interpréter l'information produite et circulant sur ces réseaux : comment l'associer à l'enrichissement du domaine public ?

La question est importante, car elle soulève plusieurs difficultés. La première dérive directement de l'ouverture du réseau. Les réseaux sociaux ne sont pas toujours ouverts ni interopérables, et certains même ne peuvent pas l'être. Ils sont conçus pour accueillir des utilisateurs et leurs données, mais non pas nécessairement pour les partager avec d'autres plates-formes. Ces données sont en fait rarement portables entre plates-formes. Comme l'a bien vu Nick O'Neil, la portabilité des données est même inconcevable pour les réseaux sociaux[2]. En effet, c'est la dimension proprement

1. Voir sur ce sujet le livre de Philippe Aigrain, *Cause commune. L'information entre bien commun et propriété* (2005), disponible en ligne, <http://grit-transversales.org/IMG/pdf/Causecommune-CC-By-NC- ND.pdf>.

2. « *While I am a fan of data portability, the reality is that true data portability kills social network sites* [une véritable portabilité des données amènerait la mort des réseaux sociaux]. *If we take data portability to the extreme and I was able to export all of my data and contacts from Facebook, Facebook would be nothing more than a well designed communications platform. Perhaps in the end that's all they will be but for now, their valuations have been based on their skyrocketing user base* » (Nick O'Neil, « Data portability Evangelists get out of line », <http://www.socialtimes.com/2008/05/data-portability-evangelists-get-out-of-line/>). Les réseaux sociaux valorisent surtout leur popularité, mesurée par le nombre d'utilisateurs et par leur capacité à les retenir.

sociale de ces réseaux qui les rend relativement fermés. Le réseau social est (ou se veut) un site de vécu, un lieu de communication (quasi continue) entre individus et identités et non pas nécessairement un espace de savoir. S'il est alimenté en information et en échanges, ces données relèvent plutôt d'un savoir-vivre que d'un savoir, d'une manière d'être que d'une manière de produire le savoir. Cela certes n'empêche en rien l'échange du savoir sur un réseau social, mais l'activité première de ce dernier reste celle d'une relation favorisant l'échange et la création de liens. Ainsi, cet espace est animé par des calculs différents qui se rapportent à la psychologie des personnes, comme le dit très clairement Aristote : l'ambition, la volonté, l'utilité, etc.

La dimension proprement humaine de l'amitié dérive de l'inséparabilité de cette relation avec la vie. Le lien social, dans ce contexte, appartient à l'ordre de la justice (d'où le rôle de la vertu). Le réseau social est animé quant à lui par les effets de la ressemblance et par l'économie du pareil. Le partage qui l'habite est un partage de rapports et de relations, certes parfois exprimé par une communication d'information, mais qui reste néanmoins un échange animé par un désir. La sociabilité de *Wikipédia*, par contre, émane d'un tout autre paradigme. Le savoir, mesurable (même si on peut discuter les principes de la mesure), obéit non pas à la justice mais à la vérité et ses critères. Ceux-ci sont tout autres. Autrement dit, une plate-forme de savoir est une plate-forme qui admet l'anonymat (disons même la solitude) alors qu'un réseau social est une plate-forme conçue pour montrer et partager une identité, pour la faire circuler sur des réseaux de plus en plus extensibles. Une économie affective n'est pas et, semble-t-il, ne peut pas être une économie du savoir. La logique du nom, même du pseudo, comme la dynamique de la signature (on ne peut pas être anonyme sur un réseau social) sont les moteurs de la sociabilité numérique. On a trop tendance à mettre ensemble, sous les rubriques du contributif et du participatif, des plates-formes et des pratiques qui sont pour le moins distinctes, pour ne pas dire parfois contradictoires. L'aspect collectif ne doit pas nous aveugler sur ces différences ni nous amener à sous-estimer leur importance. Il faut, en premier lieu, distinguer participatif et contributif, mais aussi sociabilité numérique et plates-formes de savoir. Le succès du Web social fausse parfois les pistes. Ces différences nous renvoient à nouveau à notre définition des réseaux sociaux : des cadres vides, avec des contraintes spécifiques dont le but principal est la production d'un contenu qui à son tour sert à partager les relations. Elles expliquent aussi à la fois la ruée des sites culturels et patrimoniaux vers le modèle social et les obstacles que cette course à la personnalisation rencontre. Il n'est point question ici de dire que les deux sont nécessairement incompatibles. Il s'agit plutôt de mettre en lumière les logiques différentes à l'œuvre dans chaque cas. Pour les sites culturels, leur présence sur les réseaux sociaux est à la fois désirable et nécessaire. Mais cette présence doit prendre en compte les spécificités de la mécanique sociale, ses effets potentiels sur la valorisation de leur contenu.

Les sites culturels comme *Wikipédia* sont des sites où le contenu, dans le sens classique du terme, prime. Leur mission est à la fois de faire circuler ce contenu, de le valoriser et de l'augmenter. Ils sont, comme l'anglais l'exprime avec une grande clarté, « *content bound* », c'est-à-dire liés à leur contenu. Ils ne sont point des plates-formes vides, des enveloppes destinées à être remplies par du contenu produit par les relations entre leurs usagers. Ils sont une invitation à la production de nouveau grâce à la circulation et à la lecture ou la consultation. La mise à jour continuelle, les politiques éditoriales adoptées par le site tout comme la gestion des conflits qui ne peuvent manquer de surgir autour du contenu témoignent de cette autre logique, plus proche du travail éditorial que de la gestion des rapports sociaux entre individus et groupes. Certes, on peut critiquer les limites du modèle choisi – un modèle qui nous semble trop voisin des méthodes actuelles des sciences dites « dures » et qui, dans sa quête du consensus, élimine ou rejette ce qui peut être l'apport le plus enrichissant provenant des sciences humaines. Plus encore, un site comme *Wikipédia* souffre d'une valorisation trop simpliste de l'objectivité et de la possibilité de la produire dans un discours sur le savoir universel, alors que le réseau social, lieu d'une opinion qui se partage, n'est point inquiété par cette difficulté. Il est impératif d'élaborer une méthodologie capable de permettre à un site comme *Wikipédia* de dépasser le stade des idées reçues ou le dénominateur le plus commun sur des sujets qui sont du domaine des sciences humaines.

Solitude numérique

Une première possibilité s'offre immédiatement : combiner le fonctionnement des deux modèles. Si les sites comme *Wikipédia* ajoutent une couche sociale, c'est précisément pour faire circuler leur contenu plus librement. Dans le cas des réseaux sociaux, le vide est à remplir certes avec de l'information, de l'interactivité, mais surtout avec des présences. Si, selon Aristote, la nature abhorre le vide, les réseaux sociaux, eux, abhorrent la solitude, l'absence et le silence. Les contraintes sont fortement présentes, pour assurer à la fois la croissance continue du réseau et la mesure ou le chiffrage des relations entre les identités ou de leur visibilité. Ainsi, la dimension anthologique, la modularité caractéristique de la culture numérique s'étendent, grâce à la sociabilité, aux personnalités. Le réseau social se nourrit de fragments mais également de « fragments de personnalité » circulant dans des contextes différents[1]. La continuité entre ces fragments sera assurée en partie par l'image, en partie par un retour du narratif et du récit inscrit dans la continuité de la sociabilité numérique et de ses modalités de gestion de l'identité.

Il est très facile de la vivre, cette solitude numérique. Il suffit par exemple tout simplement de créer une adresse mail jetable, puis de l'utiliser pour devenir membre de Facebook. Immédiatement, la plate-forme vous demande d'importer votre carnet d'adresses (dans notre cas, vide) afin de vous mettre en relation avec vos « amis ». Si le compte est ouvert mais sans amis, on voit une page essentiellement vide qui ne permet, en principe, au-delà de quelques personnalisations du profil*, aucun échange. Sauf pour les demandes d'amitié ! La fonction de recherche est certes présente pour vous aider à trouver des relations perdues ou oubliées, mais, et c'est là la différence radicale entre un réseau social et le réseau tout court, on ne peut pas librement circuler, tâtonner même, et découvrir au fur et à mesure soit du contenu, soit des relations. La contrainte est visible : une identité sans relations est comme une aberration et, en principe, on est censé avoir toujours quelques relations nous permettant de circuler et d'élargir notre réseau.

Les éléments visuels de la page sont tout à fait éloquents : il faut quelques éléments d'identité pour peupler les choix (genre, âge, etc.). Sans ces premiers éléments, l'identité est comme dormante, inanimée au sein du réseau social. L'anonymat n'est point admis, ni le voyeurisme. C'est dans ce contexte que l'on voit comment le réseau social impose l'identité numérique non pas seulement comme condition

1. La diversité des contextes reflète aussi les diverses conceptions de l'amitié, surtout la distinction entre amitié personnelle et amitié impersonnelle, et met en relief les différences entre « amitié » et « *friending* ».

d'accès mais surtout comme valeur. Le compte vide ne fait que montrer les effets des contraintes intégrées aux modèles de la sociabilité actuelle. La solitude de ce choix est renforcée par l'absence de suggestion ou de recommandation, qui toutes les deux dépendent à la fois des relations et de l'historique de l'identité sur le réseau. L'exclusion est aussi un phénomène numérique qui est essentiellement une expression du rôle déterminant joué par la visibilité dans la sociabilité numérique. Plusieurs mécanismes sémantiques (proximité, etc.) existent pour éviter cette chute dans l'oubli numérique : ils exploitent tous des données disponibles et traduites en critères de pertinence afin de suggérer des relations et encourager des échanges. Le promeneur numérique, dans le réseau social, n'est jamais un promeneur solitaire[1].

Pour apprécier cette réalité, il suffit de comparer les réseaux sociaux d'aujourd'hui avec Usenet[2]. Les groupes Usenet étaient divisés en deux parties : des groupes libres et ouverts, auxquels chaque internaute pouvait contribuer, et des groupes modérés, qui exigeaient l'accord d'un modérateur pour toute publication. Cette gestion se limitait à la contribution active, c'est-à-dire à l'écriture ou au commentaire. Quant à la lecture, elle était toujours libre. C'est pour cette raison qu'on parlait souvent, surtout dans les groupes modérés, de ces « voyeurs » qui fréquentaient les lieux sans jamais contribuer. On voit bien ici la différence entre une plate-forme conçue autour des notions de contribution et de circulation et une autre construite sur la base d'une identité,

1. Selon le proverbe, « Une grande ville est une grande solitude » ; dans le cas des réseaux sociaux, la solitude est d'autant plus visible et plus prononcée que l'importance et la taille du réseau dans lequel on est censé circuler sont grandes. Le modèle de la ville est révélateur, car la culture numérique est de plus en plus une culture ambulante, une culture du déplacement dans un espace hybride. L'autre figure souvent utilisée pour décrire cette solitude de l'individu est le désert.

2. Pour Usenet, voir <http://fr.wikipedia.org/wiki/Usenet>.

mais une identité définie en grande partie par son réseau. Plus encore, Usenet était la première plate-forme globale, avec des forums portant sur tout sujet imaginable, et qui admettait des variations locales (certains serveurs permettant un accès à un choix spécifique de groupes). Dans ce sens, Usenet était le premier site de ce que l'on appelle aujourd'hui la « conversation ». Notre sociabilité actuelle semble toutefois privilégier la personnalisation, une personnalisation qui incite l'internaute non pas seulement à s'identifier mais aussi à partager et à transporter ses connaissances. Le tournant social est inséparable du couple identité/donnée et le réseau social est une machine à produire des données. Le partage, dans ce contexte, valorise la production plutôt que le contenu. Ce glissement est essentiel, car il met en relief les nouvelles valeurs portées par les modalités d'évaluation les plus visibles de la sociabilité : la recommandation, la suggestion (automatique et qui prend en compte l'historique variable de chaque identité), l'ontologique (l'importance croissante des catégories, des mots-clés, des tags, comme points d'entrée vers le contenu), la proximité (géographique et sémantique)[1]. Curieusement, les dimensions humaine et sociale de cette sociabilité ne font qu'accentuer l'importance de l'automatisation des formes d'accès au contenu et au savoir.

Dans ce sens, le Web 3.0 sera un Web de données : données sur les identités, données produites par les identités numériques. C'est là que l'on retrouve la convergence entre

1. La proximité peut aussi mettre en place de nouveaux modèles économiques, ou, du moins, de nouvelles méthodes de paiement, comme avec la technologie NFC : « La communication en champ proche (*Near Field Communication*), habituellement appelée NFC, est une technologie de communication sans-fil à courte portée et haute fréquence, permettant l'échange d'informations entre des périphériques jusqu'à une distance d'environ 10 cm » (http://fr.wikipedia.org/wiki/Communication_en_champ_proche).

la dimension anthologique de la culture numérique et sa manière d'exploiter la polyphonie de l'identité numérique grâce à la sémantisation du réseau. Les « fragments de personnalité » évoqués dans le chapitre suivant se montrent les agents de cette production exponentielle de contenu. La formation de communautés, identifiée par Aristote comme le produit de la relation de l'amitié, se présente ici comme une conversion des rapports humains dans un univers hybride : échanges automatiques (notifications, géolocalisation, etc.) et don de soi au profit du partage au nom du réseau. Mieux encore, cette conversion modifie à la fois le lien social et l'humain en les introduisant dans un contexte inédit, à une échelle sans précédent. Cette double appartenance explique aussi les modes de visibilité actuels : d'une part, une visibilité à grande échelle mais souvent avec une influence limitée (des utilisateurs sur Twitter avec un million de *followers*, par exemple), d'autre part, une visibilité de loin plus efficace mais restreinte à un circuit plus petit, plus spécialisé ou bien peuplé par des identités qui se retrouvent autour d'un thème ou d'un point d'intérêt spécifique. Curieusement, ce partage semble aussi faire écho à une sorte de division du travail. Dans le premier cas, le travail de la machine elle-même se manifeste sous une forme de contagion. Il s'agit là surtout d'effets automatiques rendus facilement possibles par les réseaux sociaux et qui font évoluer l'influence et sa visibilité (cela apparaît clairement dans les effets secondaires des vidéos dites « virales », c'est-à-dire qui sont visionnées par un très grand nombre d'internautes et qui, durant un ou deux jours, circulent dans la presse). Ici, la popularité – et par conséquent l'importance, même fugitive – est produite par les mécanismes de concentration et de communication entre réseaux sociaux et interfaces (« retweet », etc.). Dans le second, on retrouve des archipels, des réseaux de taille modeste, avec une forte spécialisation et une fidélité de contribution à la fois élevée et stable qui nourrit une conversation plus concentrée. Ces petits réseaux existent au sein même des grands réseaux et permettent aux internautes de varier leur manière d'exister entre ces deux univers conjoints. On dirait même qu'il s'agit d'une variation sur la relation entre la relation et l'humain désignée par Aristote comme l'un des premiers effets de l'amitié ici adaptée à l'ère du numérique. La polyphonie de l'identité numérique appelle aussi une autre polyphonie : celle des appartenances.

Rappelons-nous que Facebook, à ses débuts, était lié déjà à une communauté spécifique, avec ses codes et ses traditions : celle des étudiants des universités américaines, c'est-à-dire une communauté définie par une conception de la communauté caractérisée par une proximité géographique (le campus), une proximité de tradition (continuité des anciens d'une école ou d'une faculté), etc. Facebook était donc tout simplement une extension de ce modèle : l'amitié était déjà inscrite dans une communauté préconstituée qui valorisait les liens entre les individus en fonction d'une extériorité quasi arbitraire. Ce qui est impressionnant, c'est bien l'évolution de cette première forme de l'amitié en un réseau social à l'échelle globale. Il va de soi que les pratiques actuelles ont radicalement transformé cette première version de Facebook. Néanmoins, et malgré les évolutions de la plate-forme, on y retrouve toujours les effets de cette origine, des effets qui expliquent peut-être certains de ses aspects fermés. L'amitié s'est révélée à la fois extensible et, comme on dit aujourd'hui, « portable ». Elle est aussi, comme on le verra, une relation « horizontale », c'est-à-dire égalitaire ; une relation qui fait tomber les différences et les hiérarchies sociales et économiques.

Le texte d'Aristote nous a aidés à mieux comprendre l'importance de l'amitié pour les réseaux sociaux, ou du moins à saisir les enjeux communautaires rendus possibles par une exploitation des structures relationnelles permises par une extension de l'amitié. Au cœur d'une économie affective, cette relation établit des rapports d'échange et des modèles de circulation qui contribuent à former une communauté. La motivation qui se cache derrière explique à la fois sa morale et son association avec l'idée de justice. L'amitié, égalitaire et volontaire, produit du bonheur et, chemin faisant, rend possible un bien commun. Ces qualités sont troublées par la sociabilité numérique, car cette sociabilité obéit aussi à une autre exigence, celle de la plate-forme et de sa téléologie.

Sûreté et confiance

Il nous faut maintenant lire le texte de Cicéron, *De l'amitié*, afin de mieux saisir les liens entre l'amitié, le calcul et l'image ou, plus exactement, entre l'amitié et l'économie de la visibilité. Pour lui aussi, l'amitié est une relation fondatrice. Mais ce qui nous interpelle dans son dialogue[1], ce sont surtout les liens entre les limites acceptables de l'amitié et le partage. Si la présentation de Cicéron reste largement classique, elle innove dans ses expressions, et surtout dans les détails de son exposition de la relation d'amitié. Le chapitre XVI est consacré à ce qu'il nomme les « bornes » de l'amitié, c'est-à-dire les limites naturelles de l'affection telles qu'elles s'appliquent à ce sentiment. Ce qui nous intéresse ici, c'est, en premier lieu, le rejet d'une réciprocité simple et simpliste comme nécessaire à la relation : pour lui, il n'est point envisageable que l'on ressente les mêmes sentiments envers l'ami que l'on a envers soi-même[2]. Cette disparité est

1. Pour le texte de Cicéron avec la traduction de Charles Appuhn, voir <http://agoraclass.fltr.ucl.ac.be/concordances/cicero_amitie/lecture/default.htm>.

2. « Il n'est pas vrai d'abord que nous devions sentir pour nos amis comme nous sentons pour nous-mêmes » (*ibid.*, XVI, 57).

déterminante, car elle élimine la similarité comme modèle premier de l'amitié. Plus encore, elle permet de comprendre comment la différence devient constitutive de l'amitié. Dans le contexte des réseaux sociaux, il est évident qu'une telle dimension est déterminante : on devient ami (*friending*) sans avoir nécessairement beaucoup ni même assez d'informations sur l'autre. On choisit les amis de confiance, selon des modèles différents, soit par extension (l'ami d'un ami peut être un ami), soit guidé par une communauté d'intérêt ou de point de vue (la suggestion suivant l'historique de la navigation et de la consultation), soit même par hasard (un commentaire). Mais si la réciprocité des qualités n'est pas nécessaire, celle des gestes est plus problématique, surtout dans le contexte des plates-formes numériques. Choisir un ami est un acte à la fois privé et public et qui souvent fait appel à un retour, à une réciprocité. À la différence de l'amitié traditionnelle, l'amitié numérique a une visibilité autre. Elle s'affiche et cherche à afficher les liens : presque tous les sites annoncent le nombre d'amis, le nombre de *followers*, et cette visibilité est comme une valorisation du statut social de l'identité.

Cicéron est très explicite quant à la nature de la mesure (il parle de « *calculos* ») relative à l'amitié : « La deuxième opinion consiste à chercher la mesure de l'amitié dans l'égalité des services rendus et du bon vouloir manifesté. C'est vraiment la soumettre à un calcul bien étroit, bien mesquin, que de tenir pareille comptabilité où dépenses et recettes devraient s'équilibrer. Je crois que l'amitié véritable est plus riche, plus prodigue, qu'elle n'examine pas minutieusement si elle ne rend pas plus qu'elle n'a reçu : elle ne ressemble pas à un moissonneur qui craint de laisser tomber, d'abandonner au sol, un peu de grain, elle ne redoute pas d'en trop faire[1]. » Dans ce texte classique, l'amitié est à l'antipode de

1. *Ibid.*, XVI, 58.

tout calcul, de toute mesure. Elle n'est pas soumise à la loi de l'échange de faveurs ou de réciprocités mesurables. Elle semble, par contre, obéir à une autre loi d'échange, à une économie de l'offre qui est plutôt celle du don de soi. Dans ce contexte, une question se pose : comment trouver, dans un environnement qui malgré toutes les apparences ne fait que compter, évaluer et classer en fonction d'une métrique relativement simple et toujours visible, l'équivalent de cet autre calcul à l'origine de l'amitié ? Est-ce suffisant de dire et de répéter que le *friending* n'est pas exactement l'amitié dont parle Cicéron, d'autant plus que tout semble nous amener à transposer et convertir une grande partie de notre vie, de nos échanges et de nos liens vers ces espaces d'amitié numérique ? S'il est vrai que la culture numérique a radicalement modifié le lien social, il est impératif d'évaluer les incidences du *friending* sur l'amitié, d'autant plus que, dans le vocabulaire, les deux sont de plus en plus inséparables. Faut-il au contraire imaginer une sorte de double vie dans deux milieux distincts où nous aurions des relations d'ordre et de nature différents ? Si tel est le cas, comment penser la continuité croissante entre ces deux milieux, ces deux contextes en voie d'harmonisation ?

Le numérique semble ainsi avoir donné lieu non pas seulement à une nouvelle sociabilité mais à une nouvelle forme de relation qui porte le nom d'« amitié ». Cette nouvelle relation, si elle bénéficie des valeurs associées à l'amitié classique, reste le site d'une évolution importante, d'une transformation symptomatique de la civilisation numérique. Comme souvent, les valeurs numériques reprennent, reproduisent et convertissent des catégories, des propriétés et des objets qui nous sont familiers : on l'a vu avec la page imprimée, avec la figure d'auteur et ses droits associés. Nous sommes maintenant confrontés à une conversion plus difficile à saisir parce qu'elle concerne quelque chose de plus flou, qui touche la personne et ses représentations. L'économie, dans le sens large du terme, du numérique agit ici d'une manière exemplaire. Elle neutralise tout en absorbant, elle concrétise tout en fragilisant et, finalement, elle impose ses versions comme les seules valables ou presque. En effet, ce ne sont plus les seuls archives et textes qui sont en train d'être numérisés, c'est aussi le lien social lui-même, dans sa manifestation la plus sensible. Dans ce contexte, le calcul est révélateur, car il incarne les tensions, pour ne pas dire les contradictions, du numérique. Si l'amitié classique est une relation qualitative, une relation qui surmonte la « mesquinerie » méprisée par Cicéron, l'amitié numérique reste sujette au calcul inévitable et même constitutif de l'environnement numérique. Là, tout est mesurable, tout est archivé, tout est quantifié. La qualité elle-même, de par la nature même de la technique, est une valeur « digitale », c'est-à-dire mesurable. Cette tension n'est pas l'expression de la nostalgie d'une ère d'avant le numérique ou d'une volonté de privilégier un lien social d'ordre subjectif. Elle est une interrogation sur la valorisation implicitement numérique du social[1]. L'un des intérêts de l'amitié est qu'elle montre et fait voir ce qui a toujours été présent dans le numérique. Le calcul ici se généralise et le numérique ne se cache plus. L'amitié, qui est une relation, devient un lien grâce au calcul numérique.

Soulignons une dernière dimension de l'amitié dans le traité de Cicéron : « Si donc sur la scène même (je veux dire dans une assemblée populaire) où la fiction tient bien de la place et où l'on se contente d'aperçus très sommaires, la vérité a tant de force, pour peu qu'elle se montre et qu'on la mette en lumière, que sera-ce dans l'amitié dont la vérité fait tout le prix ? À moins qu'on ne lise, comme on dit, dans le cœur d'un ami, qu'on ne lui ouvre le sien, il n'y a pas de confiance, pas de sûreté, il n'est même pas d'affection éprou-

1. Voir sur ce sujet Gérard Berry, *Pourquoi et comment le monde devient numérique*, Paris, Fayard, 2008.

vée, rendue, si l'on ignore dans quelle mesure le sentiment est sincère [*in qua nisi, ut dicitur, apertum pectus uideas tuumque ostendas, nihil fidum, nihil exploratum habeas, ne amare quidem aut amari, cum, id quam uere fiat, ignores*][1]. » L'amitié ici est liée à la vérité, à une vérité qui répond à ce qui s'expose sur la scène publique. Sa nature essentiellement privée autorise une sorte d'échange particulier : elle repose sur une forme de lecture spécifique, sur un partage singulier. L'amitié est en quelque sorte une opération qui donne accès à, qui permet de voir ce qui, en principe, échappe à toute visibilité : le fait que l'ami puisse voir et lire dans le cœur ouvert signifie cette relation mystérieuse, ce don de soi qui est aussi un don de visibilité restreinte. Ainsi, on ne sera point surpris de voir que l'amitié, en passant de l'ordre du privé à la nouvelle scène publique et populaire que sont les réseaux sociaux, jouit de toutes les déclinaisons de l'image dans ce nouvel environnement. Il est important de noter aussi que Cicéron utilise des termes qui sont toujours valables et pertinents pour nous quant à la nature des réseaux sociaux : « sûreté » et « confiance ».

Pour l'image, on peut dire qu'au sein des plates-formes actuelles l'amitié en exploite trois sortes, qui peuvent être la même mais qui varient dans leur fonction suivant le lieu et le contexte. L'image est icône, elle est aussi portrait et, finalement, emblème[2]. L'image, dans ses diverses formes, actualise la nouvelle spatialité caractéristique de la culture numérique. Elle situe dans un lieu, fixe le regard sur une apparence dans un contexte, associe une identité à un réseau et concrétise une présence ; autrement dit, dans ses trois fonctions l'image fait écho au rôle joué par le toucher. Et

1. *De l'amitié*, *op. cit.*, XXVI, 97.
2. Il ne s'agit là que de l'image dans sa fonction de représentation d'une identité numérique. On ne parle pas de photographie numérique ni de l'image en général dans l'environnement numérique.

avec le toucher, c'est le corps lui-même qui est impliqué dans la communication numérique, devenant ainsi un point de transfert, un point de passage et surtout un moyen de communiquer son identité numérique.

L'icône incarne une présence. Elle présentifie une identité numérique, et, comme cette identité, elle n'est point fixe. Elle est facilement modifiable et reflète, selon le choix, telle ou telle apparence. Ce rôle est renforcé par les plates-formes et par les logiciels : toute identité, tout compte est automatiquement associé à une icône, un avatar ; si cette icône n'est pas personnalisée, elle devient par défaut l'expression soit d'un choix volontaire, soit, comme c'est plus souvent le cas, d'une indifférence ou encore d'un manque de compétence. Mais l'essentiel reste que cette image tient lieu de l'identité et donne à voir une personnalité. Le pseudo est quasi indissociable d'une image, d'une icône. Et l'icône ne fait que renforcer la transformation de l'espace numérique en espace de coprésence et de visibilité entre identités[1].

La deuxième fonction de l'image est celle de portrait. Ici, on est devant un usage plus familier mais qui, comme souvent, suit le cheminement de la conversion numérique. Le portrait peut varier en fonction des plates-formes (deux images différentes sur Facebook et sur Twitter, par exemple), ou bien être toujours le même, afin de donner une forme de continuité et de cohérence à ces « fragments de personnalité » qui habitent l'espace numérique et y circulent. Dans les deux cas, le portrait est le plus souvent miniaturisé, à cause de la convergence entre le réseau et le mobile, mais aussi en fonction des interfaces des réseaux sociaux, qui privilégient une telle réduction. Ainsi, cette miniaturisation du portrait ne fait que répondre à l'émergence des micro- et petits formats associés aux nouveaux outils : sorte de « nannofication » de toutes les formes

1. Dans le cas des avatars, la question est plus complexe. Nous y reviendrons à la fin du livre.

de représentation et d'expression présentes sur le Net. Plus encore, la miniature met en place une autre esthétique. Elle valorise tout ce qui se rapproche de la concentration, de l'abréviation. Comme nous le verrons pour la culture anthologique, la tendance au fragment, au plus petit et au « citable » s'étend ici à l'incarnation de la personne et aux représentations de l'identité même. Si le portrait saisit une personnalité dans une position fixe, sur le réseau, il se transforme en objet citable, en objet sujet au transfert et à l'incorporation à d'autres objets. Il révèle en partie ce qui ne peut pas se dire ni s'exprimer par des mots.

Comme dans le cas de l'amitié pour Cicéron, le portrait rend visible quelque chose qui ne peut se voir autrement. Mais il permet aussi l'expression de la diversité dans le cadre des réseaux sociaux. On retrouve là les dimensions culturelles et locales. Les images utilisées pour le portrait (qui sont souvent dérivées des jeux ou d'autres sphères) traduisent des choix symboliques.

L'e-réputation

Le portrait joue un second rôle : il accentue la confusion croissante entre le privé et le public caractéristique des réseaux sociaux. Si l'amitié est en grande partie une affaire privée, l'amitié numérique est plutôt de l'ordre du spectacle public. La prolifération des portraits, la facilité de manipulation et de transformation de ces images ne sont que le reflet de la transformation de tout ce qui touche à l'intime et au privé. Comme on l'a souvent remarqué, la sociabilité numérique fragilise les normes traditionnelles et rend visibles des échanges qui étaient dans le passé réservés aux amis intimes ou aux seules personnes concernées. Le passage à une plus grande visibilité, malgré la gradation qu'on y observe, reste un indice puissant de cette évolution qui repose sur une seconde transformation, celle de la confiance. La forme publique de l'identité numérique ne fait qu'accélérer l'association entre identité numérique et réputation. En élargissant le cercle d'activité et de visibilité, les réseaux sociaux ont mis en place une nouvelle économie, celle de l'e-réputation. La présence sur le réseau, les échanges avec les autres, l'appréciation des tiers, tout comme les éléments de notation automatiques, forment ainsi la réputation d'une identité. Cela a d'abord pour effet d'encourager la participation et la contribution, car la réputation est toujours sujette à évaluation et, surtout, à comparaison. C'est à la fois un modèle délibératif et un modèle compétitif ; il s'agit d'un régime qui privilégie le calcul, ou, en tout cas, les signes visibles du calcul. On voit ici l'énorme puissance et l'attraction des réseaux sociaux, qui sont des usines à production de réputation. Mieux encore, les réseaux sociaux, à travers l'économie de l'image, sacralisent ses nouvelles valeurs car ils sont, en fin de compte, l'ultime expression d'une économie utilitaire. La ruée vers la visibilité et la réputation conforte le narcissisme numérique, qui a su construire ses propres galeries. Là encore, on est confronté à la différence entre la sociabilité numérique, qui peut certes donner lieu à des actions libératrices, et les projets de groupe privilégiant l'anonymat et la gestion collective. Dans un cas, il est question de visibilité, dans l'autre, de mérite. Dans les deux, il faut de la réciprocité et surtout de la reconnaissance. Mais ce sont des modèles différents.

Il est une autre manière de penser cette visibilité et cette réputation sur les réseaux sociaux. Elle se rapproche, dans sa fonctionnalité, de la réputation académique. Dans le monde savant, la réputation est déterminante. Elle est censée exprimer la valeur des contributions et la reconnaissance des pairs. Dans les disciplines scientifiques, on a même quantifié cette réalité : les index de citations scientifiques ont mis en place tout un système pour mesurer la fréquence de citation des publications d'un auteur, tout comme les évaluations (positives, négatives ou neutres) de ses travaux. Un calcul disponible à tous et qui donne à voir sur une échelle mondiale le classement des meilleurs. Mais on sait que ce modèle, même dans les disciplines scientifiques, a été critiqué et que ses applications dans le domaine des sciences humaines sont des plus difficiles et des plus controversées[1]. Non parce que ces disciplines ne doivent pas être évaluées mais parce que la nature du discours dans les sciences humaines ne se prête pas facilement à une telle mesure : il faut accepter et prendre en compte des régimes de pertinence différents, dont certains qui ne sont pas aisément quantifiables.

Curieusement, ces convergences révèlent souvent des tendances contradictoires. D'une part, on voit dans le monde savant des mouvements vers l'accès libre qui en grande partie sont un défi à ce modèle de la réputation – car, au fond, c'est une mise en question, grâce à l'apport du réseau, de la validité des pratiques d'évaluation. D'autre part, on assiste, sur les réseaux sociaux, à l'application automatique, sans moyens de résistance, d'une importation de ces mêmes modèles. C'est en fin de compte une forme d'utopie de l'objectivité scientifique généralisée aux pratiques sociales[2]. Pour ce qui concerne la réputation, les réseaux sociaux semblent accueillir les deux modèles. Les difficultés que l'on rencontre à décider de la pertinence dans le monde savant

1. Pour ne donner qu'un exemple, il suffit de voir l'histoire de *PLoS One* (http://www.plosone.org/static/almInfo.action) et les raisons qui ont donné lieu à sa création. La mesurabilité (souvent exprimée en anglais par le terme d'*accountability*) est un phénomène on ne peut plus contradictoire. La culture du Net a démontré à maintes reprises les limites du système tout en donnant lieu à une pression pour qu'il soit adapté aux sciences humaines.

2. Pour un exemple de la description du Science Citation Index, voir <http://thomsonreuters.com/products_services/science/science_products/a-z/science_citation_index/>. La valeur est toujours un résultat de l'objectivité et le réseau, dans ses calculs, promet de nous en donner une objectivité sociale.

doivent nous alerter sur le rôle joué par les mécanismes automatiques, de plus en plus puissants et de plus en plus visibles sur les réseaux sociaux. L'enjeu de la recommandation et de la suggestion n'en est qu'un exemple. La tendance inhérente à ces formes de calcul est de classer puis de mettre en place des hiérarchies construites en fonction de ces classements. Et la visibilité suit l'ordre de tels classements. Certes, on a à la fois une prépondérance d'une visibilité quantitative et parfois une visibilité plus souple, plus modulaire et plus contextuelle ; dans les deux cas, le portrait est partie intégrante de la visibilité et de la visualisation de ces relations. Le portrait, en fait, dans sa variabilité, joue sur les intersections de ces deux modèles. Disons que le portrait numérique ne doit pas être réduit à un « portrait du scientifique » selon le modèle de l'Index.

Si le portrait expose des facettes à risque de la sociabilité, il met en relief aussi les possibilités offertes à l'utilisateur de circuler et de se montrer selon des choix personnalisés. Cette liberté de présentation, dans les limites des plates-formes, est devenue de nos jours le site de l'expression de l'individualisme. Plus encore, elle traduit les formes de contestation et les marges de manœuvre disponibles aux internautes. Car la personnalisation, bien maîtrisée, permet de dépasser les contraintes imposées par la structure des plates-formes.

Une troisième fonction de l'image est à décrire, c'est celle de l'emblème[1]. L'image se présente rarement seule, sans texte.

1. Pour les emblèmes, voir Jean-Marc Chatelain, *Livres d'emblèmes et de devises*, Paris, Klincksieck, 1993, et <http://fr.wikipedia.org/wiki/Livre_d27embl%C3 %A8mes>. Un extrait du *Littré* au sujet des emblèmes : « EMBLÈME, DEVISE. L'un et l'autre est la représentation d'une vérité par un symbole sensible, accompagné d'une légende qui en exprime le sens. Ce qui distingue l'emblème de la devise, c'est que les paroles de l'emblème ont toutes seules un sens plein et achevé, ce qui n'est pas vrai des paroles de la devise qui ne s'entendent bien que lorsqu'elles sont jointes à la figure. »

Plus encore, dans le cadre des plates-formes, l'image se donne à voir et à lire avec le texte qui l'accompagne – ou peut-être faudrait-il dire « discours », car ce qui l'entoure, c'est certes du texte mais aussi des objets de toute autre nature : d'autres images, des hyperliens, des vidéos. Ce qui compte, c'est effectivement cette mise en contexte et la circulation de la présentation de l'identité sous cette forme. Comme pour les emblèmes, le message est à déchiffrer en analysant les rapports entre tous les éléments présents sur une page. La sociabilité numérique façonne nos emblèmes numériques : elle met en scène les éléments constitutifs du lien social en évolution et exhibe, dans les images comme dans les liens, la nature de la relation ou, pour reprendre l'expression d'Antonio Casilli, de la « liaison numérique ». Dans ce contexte, on comprend mieux la miniaturisation de l'image, inévitable étant donné les contraintes spatiales (surtout la nécessité de faire circuler la même information sur tous les supports, sans oublier les mobiles). Associée au tactile et aux usages du toucher, elle devient le lieu privilégié des communications rendues possibles par le numérique. La structure emblématique, dans cette version moderne, exprime elle aussi une morale, mais une morale publique et partagée, une morale de l'existence publique et visible. De même que l'anthologie et ses liens avec l'éthique, l'emblématique, au-delà de l'ésotérique, devient ici un accessoire primaire de la présence numérique.

Selon Jean Baudoin dans ses *Emblèmes divers* de 1659 : « Que si l'on recherche la vraye definition de l'Embleme, on trouvera que c'est une Peinture servant à instruire, et qui sous une Figure, ou sous plusieurs, comprend des aduis [avis] utiles à toute sorte de personnes[1]. » L'utilité est ici traduite en communication et partage, et les « aduis utiles » ne sont

1. Jean Baudoin, *Emblèmes divers, representez dans cent quarante figures en taille douce* (1659), 2 vol., préface.

que les renvois des recommandations et suggestions qui forment une grande partie de la conversation numérique. Plus encore, la structure emblématique saisit le mieux l'articulation de l'anthologique au niveau de l'identité numérique, de ces « fragments de personnalité » qui constituent cette identité. En premier lieu, parce que, pour reprendre l'expression de Baudoin, « tout le monde est un tableau[1] » du point de vue de l'emblème. La page se transforme en tableau, la signature et le nom sont incarnés par le portrait. La visibilité numérique induit ainsi une visualisation généralisée, celle des données, celle des personnes et celle des échanges eux-mêmes. En second lieu, parce que l'emblème se prête à la pratique anthologique : texte bref associé à des images circulant efficacement sur des réseaux et des contextes multiples et variables. Finalement, l'emblématique est l'ultime signe de la curation. Ainsi, l'ordre de l'image, porté par la logique même de l'amitié, correspond à la fois à la nature même du discours numérique et aux formes et formats mis en place par les plates-formes. La polyphonie de l'identité numérique l'associe à une théâtralisation[2] de ses expressions et l'emblématique numérique lui permet de se représenter sous des formes qui sont comme des scènes ou des tableaux mobiles selon les mises à jour.

Bacon : une thérapeutique de l'amitié

L'amitié, on l'a vu, est aussi un calcul, mais un calcul qui a ses propres règles et ses normes propres. Peut-être l'expression la plus simple mais aussi la plus claire de ce calcul se

1. *Ibid.*
2. Pour les liens entre polyphonie et identité, voir Oswald Ducrot, « Esquisse d'une théorie polyphonique de l'énonciation », in *Le Dire et le Dit*, Paris, Minuit, 1984, p. 171-233.

trouve-t-elle dans les *Essais du Chancelier Bacon*[1]. Pour Bacon, l'amitié est une économie, un commerce : « Il y a une chose admirable dans ce commerce de l'amitié, c'est que cette union et cette communication d'un ami produit deux effets contraires, qui sont de redoubler la joie et de diminuer les afflictions[2]... » Le commerce, c'est ici un échange thérapeutique qui s'explique par les effets du partage entre amis : on double ses joies et on diminue ses malheurs. Ainsi, cette relation foncièrement sociale est également une relation d'échange, mais d'un échange qui, bien que mesurable, retient quelque chose qui semble défier la quantification. Dans ce sens, les réseaux sociaux ne font qu'expliciter cette manière d'exprimer son affect mais aussi de le montrer sur une scène aussi bien privée que publique. Autrement dit, l'amitié, même la plus intime, a toujours été une forme d'extension du domaine privé et confidentiel selon un modèle de partage. Avec la culture numérique, cette extension est devenue notre *agora* commune, notre nouvelle sphère publique, accueillant à la fois les discours d'ordre privé et personnel et les échanges de nature plus publique. Cette hybridité correspond bien à la nature de l'environnement numérique, mais elle explique aussi certaines de nos difficultés à négocier avec la transformation de notre vécu par la visibilité numérique.

Bacon va même plus loin dans sa description de l'amitié. Pour lui, cette relation est une forme première qui garantit la survie, elle émane d'une sorte de médecine naturelle assurant

1. Pour les *Essais* de Bacon en français, nous nous référons à la traduction de 1734 disponible en ligne (http://books.google.com/books?id=suYUAAAAQAAJ&dq=essais%20bacon&pg=PR3#v=onepage&q&f=false). Bacon associe le portrait (ou la galerie de portraits) aux rapports qu'ont les hommes avec la solitude : « La plupart des hommes ne comprennent guère ce que c'est que la solitude, ni en quoi elle consiste ; car une foule de peuples et de différents visages peut se regarder comme une galerie ornée de quantité de portraits » (p. 196).

2. *Ibid.*, p. 205.

la conservation et la protection contre les pertes suscitées par les tribulations de la vie quotidienne : « [...] le cours ordinaire des choses naturelles peut [...] servir de preuve suffisante : car nous voyons que dans le corps l'union nourrit et fortifie les actions naturelles, et au contraire elle affaiblit et arrête les impulsions violentes. L'union des esprits produit le même effet[1]. » La similarité entre corps et esprit (qui constitue aussi une composante essentielle de la structure de tout emblème) est ici fondée sur les effets thérapeutiques de l'amitié. Le corps individuel, le corps physique, est un symbole de l'esprit, mais aussi du corps social. Et l'amitié, cette échange et ce commerce, permet, par le fait de rendre public et de partager, une mise en garde contre les dérives violentes.

En ce sens, on voit bien que l'amitié, dans sa déclinaison publique et délibérative, modifie le lien social, car elle instaure un nouveau régime de circulation des idées et des informations qui ont la force, dans leur multitude et dans leur accès ouvert, de s'opposer aux tendances dangereuses et de diminuer le risque de conflits et de violence. La stabilité du corps, comme la stabilité de l'esprit, ne peut que bénéficier de ce commerce de soi avec les autres. La sociabilité numérique a su se saisir de cette relation, malgré les risques et les dangers des contraintes imposées par les plates-formes, pour en faire la pierre de touche de sa civilisation.

À l'âge du *Cloud Computing*, cette nouvelle ère portée par le nuage, écoutons une dernière fois le Chancelier : « C'est l'amitié seule qui dissipe les nuages et les brouillards qui nous offusquent[2]. »

1. *Ibid.*, p. 206-207.
2. *Ibid.*, p. 207.

Une culture anthologique

Une anthologie est une collection choisie. Dans l'Antiquité, l'anthologie a représenté, dans le monde littéraire et philosophique, un effort pour réunir dans un format et un support unifiés une sélection de textes et de dits (*logia*) incarnant à la fois le meilleur et le plus essentiel. Cette pratique s'expliquait notamment par la difficulté d'accès aux textes, par le coût du support matériel et par la dimension réduite du public lettré. Ainsi, l'anthologie fonctionnait comme un abrégé raisonné et comme un premier guide vers une pensée ou un style. Puis la pratique a évolué pour accompagner les changements de nature des supports matériels de l'écriture dans le monde occidental. Elle a aussi marqué la première ère de l'imprimé, en rassemblant des bribes de textes dont la circulation désormais relativement facile a permis un premier accès à la tradition littéraire et philosophique, et surtout a démontré la nécessité d'un savoir-lire et d'un savoir-écrire (*literacy*). Car l'anthologie représente comme une économie, au sens large du terme, de l'écrit. Elle inaugure des échanges, des déplacements, et rend possibles des formes de compétence autrement difficilement accessibles. Chemin faisant, elle instaure une grille conceptuelle façonnée par la dynamique de la réception et par le savoir spécifique lié aux textes circulant sur le réseau et aux autorités qui leur sont associées.

Si l'anthologie ancienne est née d'une économie de la rareté, comment se fait-il qu'elle soit aujourd'hui la forme dominante d'une nouvelle économie, une économie de l'abondance, voire de la surabondance, celle de notre culture numérique ? Comment expliquer le fait que l'anthologie soit la forme et le format par excellence de la civilisation numérique[1] ? Les recueils de « fleurs » (*anthos* en grec veut dire « fleur »), censés tenir lieu d'une totalité difficilement accessible dans son intégralité, se sont généralisés, pour représenter non plus un choix ou une sélection dictés par des contraintes matérielles (c'est un point essentiel : on y reviendra) mais plutôt des fragments conçus et formés pour la circulation et la transmission dans un environnement qui valorise une nouvelle manière de lire et d'écrire. Le fragment, ou toute pièce, tout document de n'importe quelle nature, est citable mais surtout il se livre à des formes d'intégration dans des outils d'écriture qui sont presque toujours aujourd'hui des outils d'échange et de partage. Cette tournure anthologique, qui s'accentue avec les derniers outils et se confirme avec les nouvelles pratiques, implique une transformation déterminante de nos rapports avec les objets culturels de tous les genres et le savoir tout court. S'il est vrai que l'accès à l'information et au savoir a toujours été une forme du pouvoir, la culture anthologique, dans son déploiement numérique, met en place une nouvelle configuration épistémologique et formelle, capable de réorienter notre appréciation des liens entre savoir et pouvoir. Mieux encore, cette culture anthologique, comme on le verra, en se généralisant et en se naturalisant dans le cadre de l'environnement

1. La culture numérique, il va de soi, représente une nouvelle économie de l'écriture. L'anthologie met en place aussi des pratiques de la transmission du savoir fondées sur l'annotation et le commentaire. Voir l'essai de Lawrence Lessig, *Code 2.0* (2000), New York, 2006. Voir aussi, entre autres, le livre de Clarisse Herrenschmidt, *Les Trois Écritures : langue, nombre, code*, Paris, Gallimard, 2007. Pour nous, le code reste une pratique lettrée soumise aux contraintes de la technique mais aussi aux effets de la réception de ses mises en œuvre sociales.

numérique en expansion continue, touche aussi à l'identité : identité numérique de la personne, identité des fragments circulant dans l'environnement numérique et identité des médiations agissant sur la circulation et les transmissions multiples et souvent imprévues des assemblages de fragments et de leurs auteurs présumés. Cette convergence entre fragments d'anthologie et « fragments de personnalité » repose en grande partie sur la dimension sémantique ou ontologique de l'environnement numérique, mettant en relief le rôle de plus en plus déterminant joué par le formalisme inhérent à l'écriture du code et à ses représentations du savoir.

Nuage « standard »

Pour mieux apprécier cette problématique, il nous faut examiner, en premier lieu, la façon dont le numérique est en train de modifier nos manières de voir en introduisant de nouvelles perspectives fondées sur les propriétés des outils et des plates-formes et sur les pratiques de la sociabilité numérique. Dans ce contexte, le *Cloud Computing* est la dernière étape de cette évolution culturelle, une mutation qui a le potentiel de transformer nos rapports au savoir, aux modèles de sa production et de sa transmission, tout comme aux critères de son évaluation. Pourquoi et comment[1] ?

Tout d'abord, parce que le nuage signale en premier lieu un abandon de l'héritage de la première ère du numérique (souvent désigné « Web 1.0 ») : une période marquée par le poste fixe, par la recherche et l'acquisition de documents et par une première version d'une culture de l'Index alimentée

1. Nous reprenons ici une partie, modifiée, d'un essai paru sous le titre « Vers une culture anthologique » dans *Documentaliste*, vol. 47, n° 1, février 2010, p. 59-60.

par les navigateurs et le cumul de données largement non structurées. Dans ce premier état, l'accès était relativement difficile et restreint et l'identité numérique relativement simple, réduite à un minimum de présence. Le *Cloud Computing*, issu tel qu'il l'est de la convergence de la nouvelle sociabilité numérique et des effets insoupçonnés de l'interactivité, exploite de nouvelles réalités : d'une part, la structure des réseaux sociaux, ces cadres vides marqués par des contraintes relationnelles, d'autre part, la convergence de la polyphonie de l'identité numérique et de l'harmonisation de l'accès à travers divers supports. Mais l'importance de ce paradigme du nuage va bien au-delà de cette première exploitation du potentiel du réseau. Il inaugure aussi le passage vers une nouvelle économie d'interfaces, multiples et interchangeables, dont un des premiers effets est une interopérabilité généralisée animée par une double mutation, celle des formats et celle des modalités d'accès et de la présence numérique. Les formats changent pour mieux s'accommoder des contraintes du nuage, c'est-à-dire des nécessités d'un accès à travers des points multiples et divers appartenant souvent à des fournisseurs différents. Plus encore, les formats sont retaillés pour mieux correspondre à la facilité d'une portabilité structurante mais non pas libre ni ouverte. Si l'accès devient quasi permanent et plus facile, la portabilité des données, de ces fragments d'anthologies contenant autant de textes et de liens que l'historique de la présence d'une identité numérique, est, elle, de plus en plus difficile. Car les fournisseurs du *Cloud Computing* ont intérêt à limiter les transferts de données et à maximiser la présence de leurs usagers sur leurs réseaux : en se libérant du poste fixe, l'utilisateur cède en grande partie le contrôle sur ses données, ses textes et autres contenus au fournisseur. Une condition paradoxale, certes, mais qui pointe vers certaines des caractéristiques de la nouvelle économie qui s'installe dans l'environnement numérique, une économie qui bénéficie de la fragmentation spécifique à l'anthologisation de la culture numérique.

Un autre des premiers effets de ce nouveau paradigme s'exprime dans la modification de l'information. C'est comme si tout était en train de devenir information, mais information comme site d'un vécu inédit tout en étant familier. Le poste fixe, avec ses interfaces et ses métaphores qui sont toujours en partie les nôtres, façonnait notre accès et orientait notre regard sur les objets numériques. Le nuage, par contre, est en mesure d'étendre les interfaces du numérique au monde, à notre *habitus*. Ainsi, la réalité augmentée, qui conjugue géolocalisation, identité et présence numériques avec la transmission et le partage de données librement disponibles, annonce-t-elle un nouvel urbanisme virtuel, qui trouve sa meilleure expression dans l'accès spécifique au nuage.

Dans cette perspective, l'accès et la présence deviennent une nécessité, voire une contrainte. Les points d'accès multiples et de plus en plus convergents accentuent à la fois la tendance anthologique de la culture numérique et la fragmentation accrue dans nos rapports à la présence comme au savoir et à tous les objets numériques. La nouvelle interactivité, vecteur majeur de la sociabilité numérique et de la genèse de la multiplication des communautés, se nourrit d'échanges constitués essentiellement par la transmission et la circulation de fragments d'informations de tout genre, insérés dans des contextes nouveaux et inattendus. L'anthologie, dans ce sens élargi du terme, est à la fois la forme et le format par excellence du savoir numérique. Elle opère dans la culture une série de réorganisations de premier ordre : celle des institutions du savoir et de la communication, des institutions émanant du lien social, et des rapports entre individu et identité et entre individu et collectivité. Elle est d'autant plus performative qu'elle s'inscrit au cœur de l'articulation des technologies et plates-formes et des pratiques et usages qui leur sont associés, qui les modifient dans leur déploiement social. Cette tournure vers le plus petit (parfois associée à une contrainte volontaire, comme dans le cas de Twitter) accompagne l'effort de numérisation institutionnelle monumentale d'une partie importante de notre savoir imprimé. Mais cette coexistence n'est point harmonieuse : elle remodèle et déconcerte l'héritage de l'imprimé et du livre. Si la culture du livre, dans son évolution historique, a donné lieu à la naissance et au sacre de l'écrivain, la culture numérique, dans sa dimension anthologique, inaugure la renaissance du lecteur[1]. Un lecteur toujours déjà auteur, mais auteur dans un sens nouveau, ancré dans une hybridation agencée par le numérique et l'anthologisation. La pratique anthologique est naturelle au sein du numérique : elle répond à la nature de ses objets et de ses supports, de leurs production, circulation et valorisation.

Plus encore, l'anthologique correspond à la réalité de la déclinaison de l'identité numérique, identité elle-même formée par l'assemblage de « fragments de personnalité » circulant dans des communautés multiples et opérant dans des contextes différents. L'agrégat et l'historique d'une présence constituent les assises d'une identité numérique dé-territorialisée et détachée de la généalogie. La fragmentation des incarnations de l'identité numérique accompagne ainsi l'anthologisation du savoir dans l'environnement numérique.

Dans une telle perspective, l'identité numérique devient le site d'un conflit d'autorités et de légitimités. Son potentiel polyphonique comme sa traçabilité, ses modalités de présentification comme ses représentations iconiques, ses appartenances à des communautés différentes et souvent soumises à des formes d'intelligibilité différentes, voire contradictoires, sont tous des éléments qui mettent en relief la banalisation

1. Voir Alain Viala, *La Naissance de l'écrivain*, Paris, Minuit, 1985 ; et Paul Bénichou, *Le Sacre de l'écrivain*, Paris, Gallimard, 1996.

du geste éditorial dans la culture numérique. Car la renaissance du lecteur portée par l'identité numérique, en démocratisant l'accès et la production anthologique, nous met devant un fait : la confrontation entre un savoir « populaire », marginal, véhiculé par les folksonomies et les échanges horizontaux (de *Wikipédia* à Flickr), et les classifications institutionnelles et savantes. Cette confrontation est d'autant plus importante qu'elle nous invite à réfléchir sur la dimension sémantique du réseau. L'anthologie s'associe ainsi à l'ontologie*. Une ontologie désigne des abstractions et un vocabulaire représentant des informations et leurs relations. Il s'agit toujours d'une forme hiérarchique de la représentation des relations et du savoir qu'elles impliquent. L'ontologique permet une sorte d'autonomisation des objets numériques, favorisant ainsi leur identification et leur circulation en termes de taxonomie. Mais cette tournure sémantique, certes contestée mais néanmoins actuellement en marche, risque d'instaurer une nouvelle fracture numérique entre des hiérarchies professionnelles et académiques et des ontologies populaires et horizontales : une zone à la fois de turbulence et d'expérimentation qui sera au centre de nos rapports avec les archives, les nouveaux objets et le savoir qu'ils promettent. Entre anthologie et ontologie, des formes denses de savoir-lire et savoir-écrire numériques (*digital literacy*) seront essentielles. Manier son identité numérique, manipuler ses accès au sein de divers écosystèmes sont autant de moyens d'articuler la présence numérique dans un contexte de sémantisation généralisée et parfois conflictuelle du savoir.

Ce tableau de la dimension anthologique de la culture numérique dans son état actuel permet de mieux saisir la manière dont l'anthologie correspond aux nouvelles tendances au sein de l'environnement numérique et les explique. Mais, avant de procéder à l'examen de quelques-unes de ces formes, il nous faut rappeler un usage ancien de l'anthologie.

L'anthologie, semble-t-il, est une forme associée, en tout cas dans le monde biblique, à la sagesse. Selon James Kugel, cette sagesse biblique exploite l'anthologie, permettant au sage de manipuler, c'est-à-dire de lier et d'assembler, de recueillir des fragments et des bribes, afin de produire un discours pertinent[1]. Curieusement, le sage ressemble ici à notre lecteur numérique : il a accès à un nombre infini de fragments et son écriture consiste en grande partie dans sa connaissance et sa maîtrise de cette prolifération de fragments tout comme dans son habilité à les assembler en fonction d'un contexte et d'un message. Si l'on a parlé de la sagesse des foules, on a aussi un modèle de la sagesse des « spécialistes » ; mais des spécialistes qui sont aussi les héritiers d'un « tempérament » anthologique, pour reprendre l'expression de Kugel.

La question qui se pose est de savoir comment cette dimension anthologique fonctionne de nos jours dans le cadre de l'environnement numérique. Peut-être le moyen le plus simple mais aussi le plus efficace d'exposer l'importance de l'anthologie est-il de regarder attentivement les outils récents qui semblent façonner nos manières d'accéder aux informations circulant sur le réseau, de les classer et d'interagir avec elles. On est alors tout de suite frappé par une convergence qui privilégie le récit et une forme numérique du narratif. Cette convergence est compréhensible, car elle répond à la prolifération de l'information, à sa segmentation.

1. Un article de James Kugel suffira : « Wisdom and the Anthological Temper », *Prooftexts*, 17, 1997, p. 9-32. Voir sa conclusion : « *The Jewish sages responsible for these early midrashic works were, consciously or otherwise, continuing an anthological tradition of wisdom that stretched back centuries and centuries into the distant past, back to the distant time when humans had first concluded that, while no one can know all that is worth knowing, a sage, mastering a thousand discrete insights handed down from here and there, can nevertheless assemble them into a single book and so pass on to future generations something of the great divine order by which the world is run* » (p. 32).

Considérons d'abord Storify[1]. L'outil est simple : il permet à tout utilisateur d'agréger ses flux d'information en les rassemblant, selon diverses possibilités, en récits ou histoires. Dans le cas de Storify, le récit joue un rôle multiple : il a, en premier lieu, un effet de personnalisation plus important que le simple classement. La personnalisation est ici inscrite dans une chaîne de transmission et de valorisation qui associe identité numérique, réseau et contextes. Curieusement, le récit est formé par de simples déplacements. L'utilisateur est confronté à deux colonnes : sur celle de gauche, il trouve une liste de ses flux, de ses informations, qu'il peut déplacer comme il veut sur la droite. Le récit se forme ainsi par assemblage de liens, de fragments de toute nature. Plus encore, il est construit comme une narration, par la signature de l'identité numérique mais aussi par l'ordre et la structure interne des fragments assemblés. C'est dans ce sens qu'il est une modification à la fois de la lecture et du partage. Au lieu de tout simplement transmettre un lien, une référence ou une citation, l'utilisateur a maintenant la possibilité d'organiser une constellation d'éléments afin de former une unité. Il va de soi que l'interface comme les présupposés de la plateforme jouent aussi un rôle déterminant dans la construction de l'outil. Mais il n'en reste pas moins vrai que le passage vers le narratif, même dans ce cas relativement simple, signale une évolution significative.

L'identité de l'utilisateur est centrale car, dans sa signature, elle autorise une opinion, donne accès à un réseau, signe et valorise un choix. Le récit est comme une anthologie personnelle, inscrite dans l'espace et le temps, qui circule afin de mieux exprimer et faire partager un regard sur un thème, un événement ou un débat. Le récit est également synonyme d'un geste éditorial important. La liste, l'énumération de liens

1. *Storify* veut dire « faire un récit » ou « transformer en récit ». Voir <http://storify.com/>.

ou de fragments, leur ordre sont des actes d'interprétation qui sont bien compris comme tels par l'outil et par les lecteurs. Plus encore, cette mise en ordre valorisante met en relief une transformation visuelle de l'écriture. La transformation des éléments d'un récit, leur déploiement comme fragments en bloc renforcent l'écriture numérique (ici automatisée et intégrant des fonctionnalités éditoriales classiques) comme forme de révision. Dans ce contexte, l'auteur n'écrit pas, il organise, classe et distribue. L'écriture devient une forme de révision de l'ordre de la réception comme de celui de la recomposition des fragments du récit. Storify reproduit en grande partie les fonctions éditoriales déjà présentes dans les outils participatifs.

Le récit est aussi une collection de citations signée par une identité. Du point de vue de la forme, ces récits restent des listes, une suite de textes ou d'autres objets (images, vidéos, etc.) signés par leurs auteurs et qui se suivent selon un ordre précis. Dans ce contexte, le récit produit par un lecteur est aussi comme un Index. Il traduit, dans la sélection des fragments et liens assemblés, le choix d'un regard, d'un individu. En d'autres termes, le récit obéit toujours à une logique qui nous est familière, celle de la pertinence ; comme dans un moteur de recherche, sauf qu'il est là question d'une recherche effectuée par un humain et que les critères de pertinence ne sont pas exclusivement algorithmiques.

Il faut relever un second élément de ce modèle mis en place par Storify : le contenu, les fragments sont déjà en circulation sur les réseaux sociaux (Facebook, Flickr, Twitter, etc.). Ainsi, la conversation dite « sociale » se prête ici à la fois à une forme première de la curation (le choix et la sélection par des humains) et à sa transformation en récit. Dans ce sens, Storify incarne aussi l'évolution de la page elle-même, qui devient une page sociale, c'est-à-dire une page peuplée par les formes et les formats de la conversation sociale. Elle est plus un espace de partage et d'échange que de lecture.

Cette première version du narratif, malgré ses limites, met au jour les effets transformateurs de la sociabilité numérique. La personnalisation n'est plus un service ; elle est en train de devenir une forme éditoriale extensible, accessible à tout un chacun. Personnaliser non pas seulement son profil mais sa navigation, sa consultation, et partager ses consultations sont désormais des formes concrètes de la lecture numérique sociale. L'exercice solitaire s'est mué en récit fabriqué grâce à la dimension anthologique et aux outils qui l'exploitent. Finalement, Storify nous offre le récit comme une alternative aux *marginalia* que l'on trouve toujours dans l'environnement numérique mais qui restent associées à un texte, à un corpus. ReadSocial offre une extension et des applications qui permettent aux lecteurs de publier et de partager leurs commentaires sur les textes qu'ils sont en train de lire sur tous les supports disponibles[1]. On est là dans un élargissement de la lecture traditionnelle : les lecteurs choisissent de rendre publics leurs annotations, leurs analyses, leurs commentaires et de les partager. La sociabilité qui résulte de ces rencontres donne lieu à une autre conversation sociale, plus structurée car elle réunit des individus qui ont déjà des intérêts communs. L'avantage de ce modèle, c'est qu'il surmonte les supports : les annotations comme les lectures ne sont pas restreintes à un support ni à une instance unique du texte en question. Cette propriété suppose que les œuvres existent déjà, et ce, pour un même utilisateur, sur plusieurs supports synchronisés. C'est dire si le modèle du *Cloud Computing* avec lequel nous avons commencé ce chapitre est une condition nécessaire de cette exploitation « sociale » de la lecture et des écritures des lecteurs. Le partage se fait ici selon des modèles de découverte associés aux

1. Voir <http://www.readsocialapi.com/>.

œuvres, aux livres et aux auteurs, et par le choix des lecteurs de faire circuler leurs commentaires et annotations. Comme pour presque tous les réseaux sociaux, la contrainte essentielle reste celle de la production et du partage de contenus associés à une identité. La lecture sociale, riche de promesses, est un prolongement de ce modèle. La question qui se pose est celle de la circulation de ces données et des manières de les contrôler.

Mais dans tous les cas l'anthologie reste le moteur de ces machines dites « sociales ». L'effet unificateur sur la communauté de la gestion des fragments en circulation est primordial : en fait, l'un des caractères de la formation de la communauté est ce rapport à la réalité anthologique de la société numérique. Au lieu de disperser et de séparer, la fragmentation, en partie parce qu'elle encourage un usage plus communautaire des plates-formes et en partie parce qu'elle valorise le rassemblement autour de ces fragments – un rassemblement qui peut prendre des formes diverses –, est devenue le site de la genèse de communautés efficaces et même puissantes. L'innovation émerge des nouvelles pratiques exégétiques (qui sont souvent d'anciennes pratiques mais modifiées par le numérique) déployées au sein de l'environnement numérique, d'où l'importance d'une philologie de la culture numérique. Le travail continu de lecture et d'échange se résume à une forme simple mais transformatrice, celle de la révision.

Les algorithmes du libre accès

Un second outil du récit a récemment vu le jour qui prétend présenter une nouvelle expérience informationnelle, une nouvelle manière de voir et de « vivre » l'information à l'ère du numérique. Il s'agit de Qwiki, une entreprise qui a l'ambition de révolutionner la personnalisation de la recherche en ligne[1]. Qwiki offre des capsules multimédias au lieu de la page classique d'un moteur de recherche. Pour chaque requête, Qwiki produit un petit objet multimédia qui inclut des textes, des vidéos et des images – les textes sont automatiquement lus par une voix alors que les vidéos et les images passent sur l'écran. Pour bien fonctionner, Qwiki a besoin de contenus riches et libres et ouvertement accessibles[2] : pour les textes, ce sont les articles de *Wikipédia* (en plusieurs langues) qui sont mis au service du récit et de cette nouvelle expérience ; pour les vidéos, ce sont les sites collaboratifs comme YouTube qui nourrissent les capsules ; pour les images et les photos, c'est Flickr. L'un des premiers effets de ce modèle, c'est la valorisation de toute donnée librement accessible. Ainsi, on voit bien comment la pratique anthologique du réseau ne fait qu'accélérer le mouvement vers une plus grande ouverture des données publiques et vers un partage plus simple et plus transparent des données produites par les internautes. Ici, il n'est point question de « curation » ni de choix individuel. Tout se fait par la machine,

1. Voir <http://www.qwiki.com/>, où l'on peut lire que Qwiki offre « *an information experience, automatically generated : includes a variety of information sources, results delivered through a multimedia interface* » (Qwiki offre une expérience informationnelle générée automatiquement. Elle offre des sources diverses d'information présentée en une interface multimédia).

2. Les créateurs de Qwiki sont explicites sur l'orientation de leur projet : si les réseaux sociaux présentent des données sélectionnées en quelque sorte par des humains, par des relations, Qwiki représente le complément de cette politique du contenu, c'est-à-dire l'accès aux informations disponibles grâce à la machine. « *In a sense, this is already happening. Review your own online behavior : many of us are spending our time inside environments like Facebook and Twitter. Here, content is selected and presented by friends. We think the next iteration is to let machines select and present the content. It's hard to imagine a future in which they don't. I've noticed or been told about Qwiki-like devices not only in 2001, but also in* Total Recall, Iron Man, *and* Wall-E » (http://blog.qwiki.com/2010/10/21/qwikis-vision-history/).

automatiquement, et ce sont les algorithmes qui sélectionnent et présentent.

Mais cette automatisation ne doit pas voiler les effets potentiels sur la circulation du contenu en ligne. Qwiki représente une évolution naturelle de la technique et nous prépare à des formes de personnalisation plus riches mais qui nécessitent un accès transparent et simple. On voit là encore la manière dont la technique et les pratiques qu'elle autorise sont en train de nous pousser à repenser et à reformuler non pas seulement les lois concernant le copyright et la propriété intellectuelle mais surtout la notion même d'auteur. Car, en fin de compte, tous ces outils qu'on est en train de décrire ne sont que des instruments de production et de partage du contenu, c'est-à-dire des machines textuelles. Voilà une occasion pour les institutions culturelles de revisiter leur politique de gestion de leur contenu. Le choix pour l'instant est simple : ou bien ce contenu est soumis à un accès restreint, et il se trouve du coup automatiquement exclu de toutes les nouvelles plates-formes émergentes et qui fonctionnent selon le principe d'une libre circulation des données, ou bien ce contenu commence à enrichir nos « expériences informationnelles ». Si le choix paraît simple, la manière de l'appliquer ne va pas de soi.

Fabrique de la réalité

Un des enjeux du modèle de Qwiki réside dans une transformation possible des interfaces et surtout dans l'insertion, comme dans les scènes de films de science-fiction, d'une interactivité personnalisée. L'expérience, le vécu sont soumis à un impératif : celui de l'existence et surtout de la fiabilité des informations disponibles. Si certaines de ces informations, comme les statistiques, sont d'ores et déjà partie intégrante de notre paysage numérique (d'où l'importance de l'accès ouvert et libre à ces données), une telle expérience met en relief la signification croissante de la sociabilité numérique. Car, en fin de compte, cette sociabilité, dans sa déclinaison multiple (données, échanges, commentaires, profils, etc.), permet à la fois la transformation de l'interface et sa caractérisation comme expérience. Reste à voir si un tel changement représente une vraie modification de notre interaction avec l'environnement numérique. Si changement il y a, c'est grâce non plus à la richesse de l'information ni même à sa pertinence, mais plutôt à sa présentation. Ce sont le narratif, la forme du récit, la « mise ensemble » dans un discours qui semble offrir une unité et une cohérence qui permettent de dépasser une culture de l'Index. La différence entre les deux expériences, une classique et la seconde, supposée innovante, tient à la nature de la lecture. Ou, plus précisément, cette distinction entre les deux modes dérive du fait que la lecture se déplace vers une forme d'écoute.

Un second enjeu concerne le passage du statique à l'interactif, mais à une interactivité qui dépend des moyens de représenter et de transmettre cette information et non pas nécessairement d'un échange entre de multiples interlocuteurs. C'est une forme de l'avatar, cet autre nous-même qui rôde dans l'espace virtuel de notre monde numérique et qui dialogue avec nous, proposant des réponses, gérant en quelque sorte une partie importante de notre quotidien. Habiter l'espace hybride, c'est aussi vivre avec ces formes d'incarnation de la technique au sein même du social et de ses représentations de l'information. Une forme d'insertion dans le flux continu de l'accumulation des données et la mise en scène, de manière nouvelle, d'une exploitation de la dimension anthologique de la culture numérique. Qwiki ne fait qu'assembler et présenter, dans un contexte permettant une interactivité croissante, des fragments, des morceaux de textes, d'images et de vidéos, mais aussi des données de toute nature. C'est peut-être une première version de nos anthologies personnalisées qui seront la fabrique même de réalité. On voit ici que le paradigme de l'augmentation* procède lui aussi de l'anthologie associée aux pouvoirs de l'ontologique.

La lecture enrichie, ou la lecture augmentée, est souvent présentée à la fois comme le modèle de la lecture à venir et comme ce qui, malgré la numérisation continue, sauvera la lecture elle-même. Le modèle de l'augmentation (malgré sa connotation transhumaniste) est en fait une désignation de la dimension anthologique dans le contexte des plates-formes actuelles. La lecture sociale se nourrit du partage des annotations, des commentaires, des *marginalia* à la fois entre individus et au sein même des plates-formes. La lecture enrichie ne fait qu'ajouter au texte des éléments externes mais qui sont censés informer la lecture, l'augmenter. Dans les deux cas, nous sommes devant des pratiques de nature essentiellement anthologique. Même dans le cas des enrichissements automatiques, c'est la dimension ontologique ou sémantique qui est mise au service de cette augmentation de la nouvelle lecture.

Pour certains, ces deux modèles sont en conflit : tantôt nous nous trouverions confrontés au pouvoir de la personnalisation et ses partages, tantôt ce sont les machines, avec leurs algorithmes et leurs présupposés, qui nous imposeraient une grille d'accès et de lecture[1]. Même la curation ne fonctionne que dans un système déjà semi-automatisé et soumis aux choix et aux orientations des créateurs des logiciels. Néanmoins, elle joue un rôle essentiel, car elle peut être un puissant moyen de vérification. Peut-être le premier outil à activer cette dimension de la curation est-il Wolfram|Alpha[2].

1. Cette thèse est exposée dans l'essai récent de Steven Rosenbaum, *Curation Nation*, New York, McGraw-Hill, 2011. La curation transforme les consommateurs (surtout les consommateurs d'information) en auteurs et créateurs.

2. Voir <http://www.wolframalpha.com/about.html>.

Wolfram|Alpha a, dès ses débuts, associé curation et calcul. Son modèle, puissant surtout pour les sciences, s'applique de plus en plus aux données plus souples. Ce qui nous intéresse dans sa conception, c'est la qualité hybride de son fonctionnement : une puissance de calcul associée à une vérification continue des données. C'est bien le geste numérique le plus pur, car cette reconnaissance de la double évaluation est une admission de la nécessité d'une inspection des données, de leurs évaluations continues. Ainsi, comme on l'a évoqué rapidement dans le premier chapitre, la curation, dans ce sens, répond à un souci d'exactitude et obéit à un impératif philologique. À la différence des moteurs de recherche classiques, qui ont des difficultés à évaluer le contenu d'une information au-delà d'un premier niveau de pertinence, ces nouveaux modèles conçoivent l'usage et l'accès à l'information correspondant à la fois à la nature changeante de ces données et aux évolutions de leurs usages. Wolfram|Alpha incorpore ainsi des pratiques savantes : pour chaque requête, on propose à l'internaute une bibliographie détaillant les sources consultées pour générer la page qu'il est en train de regarder ; cette bibliographie est exportable et permet encore une seconde vérification, si nécessaire. Ce qui compte ici, c'est bien ce modèle d'un accès non pas seulement et exclusivement aux résultats des recherches mais également aux sources. Le choix est à la fois méthodologique et politique. Il suit une conception de l'information et de son rôle dans la société numérique et peut, s'il se propage, modifier notre paradigme concernant les moteurs de recherche.

Wolfram|Alpha et Qwiki partagent un autre aspect : la visualisation ou la présentation visuelle des résultats. Contrastant avec la page qui nous est familière, on est ici devant une autre forme de présentation, une forme qui prend en compte les effets de la visualisation sur la perception de l'information. C'est juste pour dire l'importance de l'esthétique et du rôle de la présentation et de la visualisation comme facteur déterminant de l'expérience informationnelle[1]. La différence est on ne peut plus visible : au lieu d'une liste, d'une forme tabulaire (qu'on a même retrouvée dans Storify), la page ici est autre. Elle n'est plus une simple succession de liens et de sources, mais plutôt une sorte de récit tissé par l'assemblage des données dans une succession plus structurée et plus coordonnée.

Si Qwiki organise ses résultats sous forme de récits brefs, Wolfram|Alpha maintient sa présentation scientifique, sans aucune forme narrative. Néanmoins, avec les deux outils, on est confronté à l'évolution du statut de l'information et des nouvelles modalités d'accès et de circulation des échanges. Dans les deux cas, les informations consultées et organisées sont disposées et présentées automatiquement et selon des critères qui eux-mêmes sont en évolution continue. La dimension automatique, popularisée depuis un certain temps par Google News, prend ici une nouvelle forme et non seulement devient plus intelligente mais offre de véritables outils de recherche (surtout dans le cas de Wolfram|Alpha).

Ce nouveau paradigme témoigne de la mutation actuelle de notre environnement numérique et de l'importance prononcée des accès automatisés. Mais il accompagne aussi l'émergence d'autres formes de curation, telle celle représentée par une plate-forme comme Quora. Dans ce cas, on n'est plus dans le registre du récit et des structures narratives comme élément constitutif de la personnalisation et de la pertinence, mais bien plutôt sur un modèle à la fois plus simple et potentiellement plus puissant, celui du dialogue, de l'interrogation et de la question[2]. Le modèle existait certes avant (sur Yahoo !, Google et autres plates-formes), mais la différence, avec Quora, vient de la dimension sociale, dans le

1. Sur ce sujet, il faut consulter les travaux d'Edward Tufte : <http://www.edwardtufte.com/tufte/>.

2. Voir <http://www.quora.com/>.

sens numérique du terme. L'expertise et la confiance circulent dans un environnement délibératif et l'information est elle-même organisée par les utilisateurs. C'est comme si la personnalisation, comme on l'a déjà vu, était en train de devenir elle-même le modèle de la présence et de l'interactivité en ligne.

Les utilisateurs choisissent leur réseau, formulent et publient leurs questions et, au fur et à mesure, organisent et structurent les réponses. Le réseau de chaque utilisateur n'est pas nécessairement vide, car Quora associe chaque identité avec les contacts sur d'autres réseaux sociaux (Facebook ou Twitter, par exemple), mais les relations entre identités se structurent également à partir de questions spécifiques (qui peuvent être de nature technique, par exemple). C'est une sorte de base de données accessibles et lisibles et qui peut servir à tout moment. Les questions comme les réponses ou les solutions sont soumises aux évaluations des utilisateurs. Bref, la conversation sociale se transforme en dialogue entre expert et amateurs, et entre amateurs et utilisateurs, bénéficiant à la fois de la diversité des points de vue, des évaluations des utilisateurs et du cumul d'expertise[1]. Cette expertise, archivée et préservée, se fonde sur l'identité des contributeurs. La pertinence comme la validité des contributions découlent de la personnalisation et de l'association du contenu avec une identité stable et reconnaissable[2]. Comme dans le cas de

1. Ce savoir cumulé est aussi motivé par une ambition de pérennité : « *When knowledge is put into Quora, it is there forever to be shared with anyone in the future who is interested* [Quand une expertise ou une opinion savante [*knowledge*] fait partie de Quora, elle y est éternellement, afin qu'elle soit partagée par tous…] » (http://www.quora.com/about).

2. « *Everything on Quora is tied back to a person. Each question and answer has a revision history associated with it, and each change in the log is associated with the person who made it. People use their real names and pictures on Quora and have a short bio describing who they are ; this helps anyone reading things they write to understand why they should believe*

Storify, mais dans un contexte tout autre, la signature reprend tous ses pouvoirs.

L'identité : ni territoriale ni généalogique

En effet, c'est l'un des premiers effets de la sociabilité numérique que ce retour de l'individu et de la personne même dans le cadre de plates-formes qui sont autant des espaces d'échanges que de contraintes. Pour nous, cette individuation à travers les différents réseaux confirme la thèse de la complémentarité entre la dimension anthologique et la polyphonie de l'identité numérique, de ces « fragments de personnalité » qui, dans chaque cas et selon les contextes, donnent à voir une manifestation non pas nécessairement unique mais spécifique de la personne. Cette fragmentation de la personnalité explique aussi, en tout cas en partie, les transformations de nos rapports avec le privé et le confidentiel. Ces catégories, toujours importantes mais aussi souvent floues car elles résultent de traditions et de pratiques culturelles diverses, sont en train de s'uniformiser grâce au pouvoir des réseaux sociaux. Autrement dit, des pratiques qui étaient dans le passé concentrées sur un territoire et qui obéissaient à des coutumes et des lois spécifiques sont de nos

---

what is written and take into account the author's perspective. [Tout ce qui est sur Quora se rapporte à une personne. Chaque question et chaque réponse est accompagnée d'un historique des révisions qui lui est associé, et chaque modification est attribuée à la personne qui en est l'auteur. Les individus utilisent leur vrai nom, leurs vraies photos, avec une brève notice biographique : ces données aident tout lecteur à comprendre pourquoi il peut croire ce qu'on lit tout en prenant en compte le point de vue de l'auteur de la réponse.] *For example, if Michael Jordan gives an answer to a question about basketball, that means something really different from someone who has never played the game giving an answer* » (*ibid.*).

jours dépendantes des plates-formes, de leurs contraintes, de leurs interfaces et de leur universalité. Ainsi, des pratiques culturelles deviennent homogènes en vertu des formes qui les accueillent au sein de l'environnement numérique. De la même manière que l'identité numérique n'est ni territoriale ni généalogique, des pratiques touchant au privé dépassent les anciennes frontières et se généralisent en termes d'effets des plates-formes et de leurs représentations de ces catégories et de ces valeurs. C'est là aussi que l'on voit le plus directement le pouvoir de la culture numérique. Les interfaces dictent une partie importante du contenu, et ce contenu, dans sa circulation, modifie à son tour le comportement. La sociabilité numérique est une évolution sociale de premier ordre, car elle semble toucher, au-delà des frontières et des différences linguistiques, un très large nombre d'internautes. Elle met en place une nouvelle réalité, des conditions de sociabilité qui sont génératrices de nouvelles valeurs. En ce qui concerne le confidentiel et le privé, l'accès, même à un réseau relativement restreint, et la disponibilité sont primordiaux. Comme on l'a vu au chapitre précédent dans le cas de l'amitié classique, la notion même de relation entre individus est à repenser en termes non pas seulement de ses effets ou de ses rapports avec ce que nous avons déjà vécu et connu, mais aussi en fonction de ce qu'elle rend possible et de ce qu'elle exclut. Le lien social, tout simplement, n'est plus le même.

La curation, cette pratique de sélection, de préservation et de présentation des objets, s'est transformée en une forme numérique qui implique la personne ou l'identité. C'est en quelque sorte une suite de la sociabilité, qui elle, sous ses premières formes, a mis en relief le réseau et la position de l'individu dans un tel réseau. Car la curation, dans ses formes actuelles (comme Quora), est aussi le site de formation de nouvelles communautés qui ne sont pas exclusivement érigées sur des liens sociaux mais plutôt sur des intérêts spécifiques partagés ou des intérêts temporaires. L'importance de ces communautés va grandir, car elles fourniront les sources majeures de la réputation des identités numériques[1].

Jusqu'à maintenant, nous avons interrogé certains liens entre la nature fragmentaire du contenu en ligne, les pratiques anthologiques (qui sont aussi des pratiques de montage) et les structures du *Cloud Computing* et de la sociabilité numérique. On a vu que, malgré la fragmentation, le récit et le narratif sont des formes privilégiées et même intégrées aux nouveaux outils. Dans cette convergence entre une volonté de donner à l'utilisateur les moyens de structurer les informations et la possibilité de les faire circuler selon des modèles narratifs, le contenu était toujours déjà numérique. Les outils permettent une mise en ordre, des classements de ce qui est disponible, des sélections de ces données. Mais nous en avons aussi aujourd'hui d'autres qui essaient de numériser des discours et des expériences non numériques.

Stories Matter : un projet universitaire

Stories Matter est un projet de l'équipe de l'histoire orale de l'Université de Concordia dirigé par Steven High[2]. L'outil aujourd'hui permet aux historiens, mais aussi à tout utilisateur (car le logiciel est librement disponible), de structurer des bases de données et de les rendre accessibles en ligne. Ces bases de données sont les « transcriptions » et les mises

1. Nous reviendrons sur la réputation dans le chapitre suivant.

2. Pour les détails concernant le projet, voir <http://storytelling.concordia.ca/storiesmatter/>. Pour un historique du développement de la plate-forme, voir surtout E. Jessee, S. Zembrzycki et S. High, « Stories Matter : Conceptual Challenges in the Development of Oral History Database Building Software », *Forum : Qualitative Social Research*, vol. 12, 1, 2011, <http://nbn-resolving.de/urn:nbn:de:0114-fqs110119>.

en forme numériques, éléments essentiels du travail de l'historien intéressé par l'oralité. À l'origine de ce projet, un parti pris important : le statut privilégié de l'oralité, et surtout les insuffisances d'une transcription textuelle à conserver et transmettre la dynamique entre deux interlocuteurs. Cette insuffisance du texte constitue même une perte, car elle élimine de l'espace accessible des formes d'expression que le texte seul ne peut pas préserver : la voix, le ton, le corps, la dimension dialogique d'un échange entre deux personnes lui échappent. Ainsi, le but du logiciel est de saisir, autant que possible, ces éléments qui donnent toute leur densité et toute leur valeur à ces échanges. Le point de vue est donc celui d'une recréation possible de cet espace qu'est l'entretien dans une version numérique. L'idée est de faire passer les échanges, la dynamique interpersonnelle qui structure dans une large mesure les formulations et la construction du récit dans une version numérique de la transcription qui ne soit pas limitée au seul texte. Ainsi, c'est le contexte même de l'échange qui constitue l'objet de l'outil, un contexte complexe. D'où l'importance de la notion de « *story* », de récit et de l'image et de la vidéo. Car, comme l'expliquent les créateurs de l'outil, la finalité est bel et bien de permettre à l'utilisateur de créer une version de la transcription qui donnera accès à tout ce qui, en principe, fait défaut à la version purement textuelle.

Le contexte dialogique suscite d'énormes difficultés. En effet, il nécessite une prise en compte des rapports entre les deux interlocuteurs et aussi une négociation continue quant à la mise en récit de l'entretien. Mais ces difficultés sont plutôt les bienvenues, car elles encouragent une réflexion plus poussée sur les effets de la technique dans la construction de modèles narratifs de plus en plus en vogue. Autrement dit, les difficultés conceptuelles rencontrées par les créateurs du projet témoignent des enjeux importants à l'œuvre dans le choix du narratif dans les plates-formes sociales. Le fait que

Stories Matter soit un outil conçu par des historiens engagés dans un débat autour des possibilités offertes par le numérique représente un cas remarquable des *Digital Humanities*, de ces humanités numériques : dans le cas de l'histoire orale, la conception de l'outil est inséparable des considérations à la fois éthiques et méthodologiques de l'historien.

Comment, par exemple, contrôler les rapports de la personne qui est en fait l'auteur du récit avec la personne qui raconte un événement ou un témoignage ? Même si la totalité de l'entretien est sauvegardée et accessible, l'internaute qui consulte un de ces récits ne verra probablement que l'objet final présenté par l'historien. Que faire de l'éventuel conflit qui aura opposé les deux interlocuteurs au cours de l'entretien ? Doit-on avoir deux versions rivales, ou bien faut-il chercher un consensus – sachant que ce dernier choix, surtout autour de sujets sensibles, est pour le moins problématique, car il traduit une option minimale et peu satisfaisante ? Ces questions de méthode sont aussi des questions techniques dans la mesure où elles informent le développement et la conception de l'outil.

Les développeurs racontent bien ces difficultés. Ainsi, les premiers utilisateurs du système ont été surpris par les limitations du vocabulaire imposé par l'outil pour l'indexation des entretiens. Cette observation est essentielle : elle reflète un problème plus large, celui du pouvoir des catégories et des mots-clés dérivés de structures de classification et d'organisation du savoir traditionnelles mais qui ne répondent plus aux réalités actuelles des outils et des plates-formes. Que ces catégories soient des variations sur les systèmes de classification des grandes bibliothèques (BNF, Library of Congress, BISAC, etc.) ou sur ceux des disciplines scientifiques ou humanistes, elles sont rarement suffisantes. Stories Matter représente un cas extrême, car l'entretien y est subjectif et les catégories disponibles à l'utilisateur n'admettent point une telle classification, considérée comme non scientifique. Mais le problème de l'indexation ne doit pas être restreint au clivage objectif-subjectif, non plus qu'aux différences entre un vocabulaire érudit et des pratiques et des attentes plus populaires ou moins savantes.

L'indexation est essentielle, car elle détermine dans une grande mesure la classification et l'accès à l'objet numérique. Pour avoir une idée des faiblesses de ces classifications, il suffit de considérer quelques-unes des plates-formes d'aujourd'hui. Par exemple, sur la boutique d'Apple pour l'iPhone et l'iPad, les catégories d'application sont très restrictives et expriment un choix parfois pervers : il n'y a point de littérature, ni de divertissement. Pour la littérature, il faut chercher sous la rubrique « Livres » : c'est la forme et le support qui déterminent ici la classification. Pour le divertissement, c'est même plus révélateur : la première catégorie est celle des « Jeux », avec plusieurs sous-catégories. Un problème semblable se retrouve dans la classification des livres sur des sites comme Amazon et Google Books. On peut, pour ne donner qu'un exemple, chercher *Madame Bovary*, de Flaubert, sur iBooks d'Apple : on trouvera le roman dans la section « Science-fiction et Fantasy ». Ces dérapages sont indicatifs à la fois du pouvoir des systèmes de classification et de leur capacité à modifier la réception des objets culturels. Mais, au-delà même de ces exemples, l'importation de catégories et de vocabulaires de classification montre l'insuffisance de la conversion de ces catégories elles-mêmes. Autrement dit, en choisissant de maintenir les modèles développés pour une culture analogique, les outils numériques propagent des catégories qui ne correspondent pas toujours aux objets.

Ce problème va même plus loin. Il concerne aussi les profils des utilisateurs sur les réseaux sociaux, car on y retrouve des catégories importées telles quelles et qui ne laissent pas de choix pour ce qui n'est pas « standard » ou normal. Qu'il s'agisse de la profession, des intérêts, ou de tout autre détail, la personne numérique, sur les réseaux sociaux, est constituée par ces options. Tout ou presque tout est présélectionné, et l'utilisateur se présente par ses propres choix. L'outil exploite cette présentation dans ses recommandations et suggestions de la même manière que le site d'Amazon nous propose à l'achat des livres commandés par d'autres internautes ayant consulté le titre sur la page duquel nous sommes. Ces catégories, dans le contexte de la sociabilité numérique, alimentent une machine mimétique qui valorise les équivalences.

Stories Matter, comme d'autres outils et plates-formes non commerciales, rencontre ces difficultés et les reconnaît. Mais un autre problème a été soulevé par les premiers testeurs de Stories Matter : celui de la fragmentation inévitable des entretiens et des pertes qu'elle peut induire. Le système narratif de Stories Matter est constitué par un montage de segments vidéo, d'informations descriptives ou contextuelles qui accompagnent et expliquent l'entretien, son contexte, et d'un nuage de tags ou de mots-clés. Le montage, c'est-à-dire la division de l'entretien en parties, interrompt la continuité et fragmente un échange plus long et plus cohérent (du point de vue des testeurs). C'est bien cette fragmentation qui à la fois forme le récit et divise l'unité qui fait difficulté, surtout dans un contexte orienté vers la volonté de saisir et de reproduire une expérience orale et interactive dans le cadre de la plate-forme. Le récit se fabrique comme toujours : un assemblage de morceaux choisis, leur mise en ordre et leur contextualisation. On retrouve cette pratique anthologique, mais dans le cadre littéral d'un montage.

Cette fragmentation est perçue comme une forme d'oubli de la dimension humaine de l'entretien. La dimension visuelle, en vidéo, semble apporter une solution à ce risque. Ainsi, les concepteurs de la plate-forme décrivent, dans une section intitulée « Retaining Humanity in Stories Matter » (Pour maintenir l'humain dans Stories Matter)[1], le rôle joué

1. *Ibid.*, section 3.6 de l'article cité.

par l'image dans cette préservation de la dimension humaine de l'outil. Deux choix sont mis en relief : le premier consiste à donner accès à l'histoire de la vie de la personne interviewée afin de permettre à l'historien de maintenir un rapport plus proche et plus concret avec cette personne et son récit. Le matériel biographique plus détaillé enrichit le contexte et permet de garder une sorte de regard ethnographique sur la personne et son récit. Le second choix s'explique par le rôle prépondérant joué par la vidéo. Au centre de l'écran, c'est elle qui est censée transmettre la voix, le ton, la position du corps et le visage du narrateur. Ici, ce sont les formes de communication non verbales qui seront mises en relief afin de permettre à l'historien de revivre l'entretien.

La communication non verbale introduit à nouveau le corps au sein de la plate-forme. De la même manière qu'on a vu que la culture numérique, dans son évolution, est devenue une culture ambulante, une culture de la mobilité, les plates-formes sont elles aussi en train de s'adapter à cette transformation. Dans le cas de Stories Matter, on est confronté, dans le contexte d'une forme d'humanisation d'une procédure technique, à l'apparence même du corps du sujet parlant. C'est le retour du visage[1] comme à la fois facteur valorisant et valeur esthétique. Il ne s'agit pas d'une simple substitution dans la représentation de l'identité dans l'environnement numérique, ni non plus d'une modification d'un état existant. Le visage signale l'humanisation croissante du paysage numérique et signe l'inscription d'une géographie humaine ancrée dans l'hybride, dans le va-et-vient continuel entre réel et virtuel. Le vécu, dans sa matérialité, est ainsi en mutation. L'oralité, point de départ de la plate-forme, se traduit par une mise en scène et une mise en narration du sujet et de sa narration. En refusant de limiter la représentation de

1. Nous reviendrons rapidement sur le visage dans le chapitre « L'Index et le visage ».

l'oral à la seule transcription écrite, Stories Matter fait écho aux évolutions de l'environnement numérique lui-même. C'est dans l'effort pour imaginer et produire des outils capables de saisir une expérience comme la narration, le fait de raconter, que la plate-forme nous donne une idée claire du potentiel du numérique comme des difficultés qu'il rencontre dans ses efforts pour convertir nos expériences, notre vécu.

Stories Matter nous présente un outil de l'entretien version enrichie taillé pour l'historien. Sa conception comme son modèle de distribution ont donné lieu à des projets intéressants, presque tous consacrés à la mémoire collective, à des expériences traumatiques (la Shoah, le génocide rwandais, les guerres civiles). Il montre le potentiel du numérique à s'intégrer dans une sociabilité autre fondée sur le partage d'expériences collectives. C'est bien dans les effets produits par ces récits, par ces fragments racontés et assemblés grâce à l'outil, qu'une communauté souvent dispersée se retrouve. Le récit a également ici une puissante valeur de témoignage. Car la plate-forme met le visiteur ou le spectateur dans une position particulière, celle de voir-dire. Comme dans certains systèmes juridiques qui reconstruisent les événements devant les membres d'un jury qui seront les seuls juges de la véracité des propos présentés. En fin de compte, c'est cette dimension de double témoignage qui donne sa force et sa cohérence à cette technique de la mémoire. D'où l'importance des considérations philosophiques et méthodologiques accompagnant le développement de la plate-forme. Car au lieu de tout simplement copier un système préexistant, une sorte de plate-forme sociale, les développeurs ont fait le choix de partir de leur objet et d'essayer d'adapter les possibilités techniques aux soucis disciplinaires. Et le résultat est une plate-forme à la fois professionnelle et susceptible d'attirer des usages moins académiques, plus individualisés. Finalement, Stories Matter illustre le pouvoir des métaphores dans le développement des outils numériques. Les interfaces, les options retenues, les formats, tous ces choix héritent de la propriété du récit, de sa structure, de la manière dont on peut le construire, de sa perception et de sa transmission.

La fragmentation anthologique alimente un retour du récit et des formes narratives inscrites dans les plates-formes et les modèles de la personnalisation. Cette orientation, qui a, comme on l'a vu, le potentiel pour former et unifier des communautés autour du partage d'expériences, subit aussi une seconde évolution. Étant donné la nature des interfaces des sites sociaux comme Twitter et Facebook, nombre d'outils proposent aux internautes des formats de lecture qui reprennent des modèles anciens. Ainsi, par exemple, *Paper.li*, qui offre d'organiser les flux de Facebook et Twitter sous le format d'un journal[1]. La surabondance du contenu invite à des reprises et à des revalorisations des formes de présentation de ces informations. La mise en page d'un quotidien devient ici une manière de structurer et de catégoriser les échanges sociaux. Ces retours illustrent la survie des formats associés à la culture de l'imprimé et leur manière de resurgir dans le numérique. Mais ces formats pointent vers un autre élément.

Primauté de l'accès

Pendant longtemps, les clivages idéologiques au sein du numérique ont été liés aux systèmes d'exploitation (Windows, Mac OS X, Linux). À l'époque des premiers ordinateurs fixes, les données et les échanges étaient stockés sur les disques durs des utilisateurs et les formats des données dépendaient de ces systèmes : cette condition rendait l'échange souvent difficile, voire parfois impossible, entre formats et systèmes. Depuis, avec la convergence entre mobile et Internet et l'émergence du

1. Voir <http://paper.li/>.

paradigme du *Cloud Computing*, les systèmes d'exploitation ont perdu ce rôle primordial et déterminant. Aujourd'hui, ce qui compte, c'est l'accès au réseau, et les données sont rarement sur le disque dur local. Tout, ou presque tout, se passe sur les sites sociaux, et sur les serveurs des fournisseurs. Ce changement, en diminuant l'importance des systèmes locaux, a aussi d'autres effets. En premier lieu, on assiste à un retour en force du navigateur, mais un navigateur qui est comme l'équivalent d'un système d'exploitation. Avec le modèle des extensions qui enrichissent le fonctionnement des navigateurs actuels, l'internaute peut presque tout faire avec cette seule application : échanger des mails, surfer et partager sur Twitter et Facebook, créer des documents sur Google Docs ou d'autres services similaires, accéder à ses archives complètes sur Dropbox, etc. C'est dire si le navigateur désigne aujourd'hui l'interface qui structure dans une large mesure notre accès comme notre perception du monde numérique. Le mot peut être rassurant : à la fois guide et conducteur. Mais la réalité, dans la pratique même, est bien différente. Le navigateur est devenu le site même de l'activité, voire de la culture numérique, avec des contraintes reflétant souvent des choix et des héritages contestés (formats, standards, etc., et rivalité entre navigateurs), mais aussi des formes de liberté parfois inaperçues et ignorées. Ce qui est important, c'est que le navigateur est soit un filtre (certains ont utilisé la métaphore du miroir ou de la loupe), soit une nouvelle articulation d'un moi collectif. Sa déclinaison répond à celle de la polyphonie croissante de l'identité numérique et de sa façon de se promener dans le territoire numérique. Dans les deux cas, il s'agit de mettre en évidence des « fragments de personnalité » qui trouvent leur expression, dans des formes à la fois numérique, symbolique et imaginaire, dans le flux constitutif de l'espace investi par le navigateur, les identités se réduisant parfois à une seule (comme pour ceux qui choisissent de se connecter avec leur identifiant Facebook sur d'autres sites). L'ancien modèle du Single Sign

On s'est transformé pour mieux correspondre aux réalités du *Cloud Computing*.

Une seconde transformation importante pour la fonctionnalité du navigateur est que, dans sa matérialité, l'outil rassemble les supports de la lecture et de l'écriture (double écriture, faut-il bien préciser ?). Dans la première période du numérique, le navigateur était un outil de consultation, de lecture et de collection. Aujourd'hui, il correspond mieux à l'ère d'interactivité où nous vivons, incluant toutes les fonctionnalités des logiciels de traitement de texte comme les moyens de composer et d'échanger sur les réseaux sociaux. Le navigateur permet d'annoter nos lectures, d'enregistrer nos réactions et de les partager. Mais il a aussi un nouveau rival, né du succès des mobiles et des nouveaux systèmes d'exploitation. Ce sont les applications dédiées (pour un site ou une fonctionnalité) qui donnent à l'internaute la possibilité de contourner entièrement le navigateur et d'interagir avec son réseau et ses données. Ce partage entre applications et navigateurs est à suivre, car il peut changer le Web : en effet, si le paradigme des applications devient dominant, le Web lui-même comme ses formats seront transformés. Il faut aussi noter, dans cette évolution, que les systèmes d'exploitation qui accélèrent le développement de ces applications sont des systèmes pour mobiles ; or ces systèmes seront portés sur les ordinateurs. On voit ici l'importance de cette évolution vers la mobilité, qui a opéré une inversion inattendue : le conflit ancien entre systèmes d'exploitation s'est muté en conflit opposant des systèmes mobiles.

C'est dans ce sens que le navigateur met en scène, d'une manière apparemment simple, les signes d'une nouvelle construction de l'espace habitable, des sites d'un vécu hybride. Ce qui semble essentiel dans cette nouvelle incarnation de l'architecture, ce n'est pas seulement le lieu, le site, mais plutôt le « comment » : ce qui est autorisé à partir d'un lien en fonction du lieu. Le navigateur, dans sa version sociale, traduit l'hybridité caractéristique du numérique. Et la dimension spatiale, architecturale, appelle celle des mutations de nos espaces du savoir – archives et bibliothèques –, mais aussi de toutes les manifestations de construction des lieux du savoir – accès, classification et consultation. Le navigateur, paradigme de l'interface, redessine nos interfaces à l'information, aux dispositifs et à la dynamique de leur production, transmission et partage.

Dans notre panorama des effets de l'anthologisation de la culture numérique, nous n'avons pas discuté des jeux. Ce choix est volontaire et ne doit pas être compris comme une négligence ou une indifférence. Les jeux nécessitent une analyse détaillée et méritent un essai à part, envisagés du point de vue qui est le nôtre dans cet ouvrage. Mais pour conclure ce chapitre qui nous a amenés du fragment au récit et aux formes de narration numériques, il est important de rappeler un élément lié au monde des jeux.

Entre jeu et fiction, on peut assister à l'élaboration, dans certains cas, de mythologies hybrides. L'exemple de *Halo* suffira ici. Jeu à grand succès, il a donné lieu, comme d'autres jeux et surtout de films de science-fiction, à des récits, des romans sur la préhistoire des événements ou qui continuent les épisodes disponibles. Dans le cas de *Halo* (mais ce n'est point unique), il existe une série de romans qui formulent un cadre plus large aux éléments narratifs des versions du jeu disponibles aujourd'hui. Plus récemment, Greg Bear, un auteur de science-fiction, a commencé la publication d'une trilogie consacrée à la période qui précède celle des jeux du même nom[1]. La forme du récit mythologique trouve ici une expression de premier ordre : le roman tisse une histoire qui à la fois prend en compte la spécificité des détails opératoires dans le jeu et leur fournit un contexte plus riche. Le jeu devient

1. Greg Bear, *Halo : Cryptum. Book one of the Forerunner Saga*, New York, Tor Books, 2011.

l'occasion d'une création littéraire qui s'inscrit dans un développement et une extension du jeu lui-même. Le récit joue double jeu : il alimente l'imaginaire du jeu et il se nourrit de ce que les joueurs ont pu faire et imaginer avec les premiers éléments de l'histoire.

Si le jeu donne lieu au roman, le roman peut donner lieu à une nouvelle version du jeu. On trouve même, dans deux autres romans récents, une version plus politique de ces liens entre jeu, fiction et réalité : *Daemon* et *Freedom*, de Daniel Suarez, mettent en scène une sorte de version radicale du pouvoir du jeu, mais dans un contexte qui allie les pratiques sociales et les usages des jeux vidéo[1]. Ils racontent l'histoire d'un chef d'entreprise, créateur d'un jeu collaboratif, décédé jeune suite à un cancer. Avant sa mort, bénéficiant de sa richesse, il a développé une forme d'intelligence artificielle* distribuée et qui agit selon des critères qu'il a mis en place. Au fil des deux volumes, le lecteur découvre que cette intelligence, malgré sa violence, instaure un univers virtuel qui ressemble au jeu mais permet aux joueurs de circuler librement : ils vont ainsi créer une sorte de réseau social qui va s'opposer à une alliance de financiers corrompus. Ce qui nous importe dans le récit, ce sont l'imaginaire de la machine et de l'intelligence artificielle qui se déploie dans l'espace du jeu et les adaptations des éléments de la sociabilité numérique (mais qui sont dans leur majorité constitutifs de la sociabilité des jeux eux-mêmes).

L'opposition entre le monde du jeu créé par l'intelligence artificielle et celui des financiers est purement idéologique : elle met en scène et en balance une éthique du capitalisme sauvage et du marché et une forme d'autorité délibérative propre à l'espace du jeu et à sa manière de régir l'influence. L'univers du jeu crée à la fois un monde virtuel et un monde

1. *Daemon*, New York, Dutton Adult, 2009 ; et *Freedom*, New York, Dutton Adult, 2010.

qui interagit directement avec le réel : en effet, dans cette vision, les frontières entre les deux n'existent pas. Plus encore, le jeu met en place un système plus équitable, qui soumet tous ses membres à des évaluations continues. La réputation est ici primordiale, car elle donne accès à des privilèges et à des pouvoirs ; mais c'est une réputation sans cesse soumise au regard des autres.

On voit bien comment le monde de la sociabilité numérique informe ces fables politiques. Car le message essentiel de ces deux fictions, c'est le fait que l'intelligence artificielle est, comme la technique, neutre, mais que, malgré sa neutralité, elle peut, dans sa conception et sa mise en œuvre de l'univers du jeu, instaurer une révolution politique. Comme le dit un des joueurs, le *daemon* (le nom de cette intelligence) « *hard-coded democracy into the DNA of civilization* [inscrit la démocratie dans l'ADN de la civilisation][1] ». La technique, modelée sur le jeu et sur les cultures collaboratives et participatives, devient ici l'agent d'une transformation politique et sociale. Elle est en fait considérée explicitement comme un agent civilisateur qui a le don de modifier le vivant. L'immersion dans l'univers du jeu, la participation dans son économie de réputation ont le pouvoir de transformer l'humain et de lui transmettre l'idéal de la démocratie. Cette vision certes utopique permet de deviner la puissance de la sociabilité numérique dans l'articulation d'un message sociopolitique intimement lié à l'environnement numérique.

1. *Freedom*, *op. cit.*, p. 266.

Oubli de l'oubli

Ainsi, le récit fait irruption au sein de la culture numérique. Le narratif est à la fois une technique de curation et un moyen de communication qui, dans certains cas, semble donner une dimension plus humaine, plus individualiste, à l'information et à sa circulation dans un univers caractérisé par la croissance exponentielle des données et l'abondance des outils de lecture et de consultation, voire de production de contenu. Mais le récit est aussi le site de production d'une mythologie du numérique. Cette mythologie trouve parfois son inspiration dans des environnements numériques comme les jeux vidéo et donne lieu à une littérature qui s'en inspire ; dans tel ou tel cas, elle reprend des formes qui nous sont familières, mais dans un contexte relativement inédit. Ces jeux eux-mêmes, tout comme la technique qui les rend possibles, s'inspirent souvent, directement ou indirectement, de récits classiques, de fables ou d'histoires traditionnelles tout en exploitant une autre littérature, la science-fiction.

En effet, la science-fiction est probablement notre meilleur guide pour saisir certains des grands enjeux de l'imaginaire de la culture numérique. Ce sont des romans, des séries télévisées, des films de science-fiction qui au fil du temps ont nourri l'imagination des codeurs et des concepteurs de nos outils numériques. Plus encore, ce sont eux qui formulent explicitement les ambitions de la technique comme les questions éthiques suscitées par le déploiement de cette technique.

Si pour le discours transhumaniste dans toute sa diversité la référence philosophique et morale est déterminante, on ne sera pas surpris de retrouver cette dimension dans la littérature de science-fiction. La dimension religieuse elle-même s'y retrouve, et d'une manière on ne peut plus étonnante. Le cas de *Dune*, de Frank Herbert, est exemplaire. Cette épopée intergalactique reprend, dans sa structure narrative, les éléments religieux des grandes traditions monothéistes, des tragédies grecques, la mystique : tous sont mis au service de l'élaboration d'un univers hanté par les interactions entre religion et technique[1]. Les romans de Herbert sont révélateurs d'un soupçon qui traverse toute une littérature : la technique constitue le risque premier pour l'humain. Ainsi, dans son univers, le Prophète inaugure un cycle, le Jihad, dont le but premier est l'élimination des perversions induites par la technique dans l'ordre social comme dans l'ordre cosmique.

Un des aspects les plus séduisants de ce cycle se trouve dans les langues des civilisations de l'univers imaginé par Frank Herbert. Chacune paraît correspondre à son écosystème, liant culture, civilisation, écologie et rapport à la technique. On est devant une autre Babel, une Babel dont la mémoire de l'héritage antique alimente la Babel en mutation, un univers habité, semble-t-il, par une véritable confusion des langues, un pays de merveilles et de pièges[2]. Dans ce sens, *Dune* érige une première version de nos sociétés et de leur manière d'accueillir le numérique. Mais le numérique lui-même s'inspire de ces romans qui racontent l'histoire des hommes et de la technique. Il est vrai que cet univers technique s'inspire souvent des langues dites

1. Pour une mise en contexte du cycle *Dune* (le premier volume est publié en 1965), voir <http://fr.wikipedia.org/wiki/Univers_de_ Dune>. On retrouve dans *Dune* des éléments du judaïsme, du christianisme et de l'islam, tout comme des variations sur les autres religions (bouddhisme, zen, etc.).

2. Voir Maurice Olender, *Matériau de rêve*, Saint-Germain-la-Blanche-Herbe, IMEC, 2010.

« imaginaires » (présentes dans la science-fiction) dans sa tentative d'actualiser et de réaliser l'imaginaire de ces langues. D'où l'importance de quelques langues dérivées de la science-fiction ou de la littérature fantastique. Curieusement, dans ce pays de dissension, les tendances monothéistes, quoique souvent admirées, sont mises à l'écart dans la pratique. Ainsi, la langue des Fremen, parlée par les habitants du désert d'Arrakis dans *Dune*. Faut-il rappeler ici, comme le disait Renan, expert en la matière, que le désert est monothéiste ? Cette langue, imaginée à partir de l'hébreu et de l'arabe, est à l'origine d'un grand *jihad*, dirigé par un prophète nommé Paul, qui a pour objectifs tout simplement l'annihilation totale des machines intelligentes et la transformation de l'écologie de la planète. Il n'est pas surprenant que les grands récits de science-fiction prennent la forme de l'épopée, car ils mettent en scène des conflits primordiaux opposant des planètes et des cultures, qui souvent représentent des choix spécifiques face à la technique et à ses effets sur l'humain. Ces choix constituent la grammaire de notre négociation avec le numérique et alimentent l'évolution conceptuelle du numérique lui-même[1].

1. Il faut se méfier des représentations de ces rapports à l'origine de la majorité des grandes productions de Hollywood, où l'on retrouve essentiellement une version : le conflit inévitable entre l'intelligent et l'humain et la rivalité mortelle entre l'homme et la machine ou bien entre l'homme et l'autre, incarné par l'extraterrestre. Voir sur ce sujet Milton Dewey, III, « *A modest proposal for the prevention of the extinction of the human race due to the lack of imagination in Hollywood* » (New York, 2011). Il faut se méfier également de l'imaginaire des avatars propulsés par Hollywood, qui propose une vision souvent apocalyptique, car on n'y trouve qu'une forme linéaire et réductrice, muée par un désir de rivalité absolutiste ; un modèle hégélien qui oppose l'homme à la machine dans ses incarnations possibles : HAL dans sa peur de la solitude, Skynet dans sa volonté de domination et Data dans son effort de devenir humain. L'avatar, même dans ses débuts tâtonnants, nous renvoie non pas à notre propre image mais à notre vaine certitude que l'homme constitue le critère absolu, le repère unique.

Un rapport quasi mystique

D'autres textes, au lieu de projeter cette relation dans un avenir cosmique et collectif, optent pour une confrontation plus individuelle, plus directe, entre l'homme et la machine. Deux classiques suffiront ici pour nous donner une idée assez précise des transformations de l'humain par la machine et des manières dont la technique elle-même se modifie par les usages. Le premier, c'est *Menteur !*, d'Isaac Asimov[1]. Dans cette nouvelle, il s'agit bien d'un véritable paradoxe du menteur[2]. Mais le menteur, c'est la machine intelligente et pensante, le robot. Un robot né d'une erreur de fabrication qui lui confère une puissance inédite : il a la capacité de lire dans les esprits, de deviner les pensées secrètes de ses interlocuteurs, ce qui le met dans une situation difficile, paradoxale. Son savoir, comme les trois lois de la robotique, l'incite à mentir afin d'essayer d'aider ses interlocuteurs. Sans entrer dans les détails du récit, ce qui nous intéresse ici, c'est

1. Nouvelle publiée pour la première fois en 1941 et reprise souvent depuis dans plusieurs recueils. Pour les détails sur le texte, voir <http://en.wikipedia.org/wiki/Liar!> et <http://fr.wikipedia.org/wiki/Menteur_!>. Et pour une mise en contexte plus récente en français, voir Michel de Pracontal, « Les robots, ces machines qui savent si bien nous mentir », <http://www.mediapart.fr/journal/culture-idees/181010/les-robots-ces-machines-qui-savent-si-bien-nous-mentir>.

2. Ce paradoxe est déployé afin d'exposer trois célèbres lois de la robotique qui sont devenues la *lingua franca* de presque toute la littérature traitant des robots ou d'autres formes intelligentes et de leurs rapports avec les sociétés humaines. Voici ces trois lois : 1) Un robot ne peut porter atteinte à un être humain ni, restant passif, permettre qu'un être humain soit exposé au danger. 2) Un robot doit obéir aux ordres que lui donne un être humain, sauf si ces ordres entrent en conflit avec la première loi. 3) Un robot doit protéger son existence tant que cette protection n'entre pas en conflit avec la première ou la deuxième loi. Pour plus de détails, voir <http://fr.wikipedia.org/wiki/Trois_lois_de_la_robotique>.

précisément cette capacité du robot à mentir, ce qui est une forme de ruse. Les lois fondatrices l'amènent, au lieu de dire la vérité telle qu'elle est, à formuler autrement ses perceptions. Né d'une erreur, ses bonnes intentions l'induisent non pas à l'erreur, mais à la tragédie. Ses mensonges sont le produit direct de ses connaissances et sa fin tragique (il devient comme fou) reflète son incapacité à survivre à la diversité et à la complexité des réactions des humains. Le robot omniscient est victime de ses désirs et de sa mémoire. Sa ruse, sa volonté, qui n'est que l'expression d'une quête du bonheur, échoue. Pour quelles raisons ? Est-ce exclusivement à cause de l'imprévisibilité des humains ? Il semble que l'une des faiblesses du robot, comme de tous les robots imaginés depuis, réside dans sa mémoire fabuleuse. Elle les distingue des humains, car elle est absolue. Elle ne semble connaître aucune faiblesse, nulle faille. Elle est parfaite et sa perfection est à l'origine des difficultés que les robots, machines intelligentes, rencontrent dans leur interaction avec les humains.

La ruse du menteur est en quelque sorte une manière de légitimer cette mémoire absolue, cette mémoire de l'absolu qui sait même les secrets les plus intimes, grâce à la télépathie. L'accès absolu, la transparence sont ici autant d'obstacles que de privilèges. Le robot, dans son empathie pour l'humain, est, en fin de compte, victime de sa condition sans pareil : tout voir, tout savoir. Ce parcours rapide de la nouvelle d'Asimov nous amène à une première conclusion : la mémoire est constitutive de la technique et de sa civilisation. Mieux encore, la civilisation technique se fonde sur l'exploitation de cette mémoire. Mais cette mémoire reste en quelque sorte mécanique, conçue et pensée pour la conservation et la préservation. Elle est une forme de stockage souvent dynamique, mais néanmoins une forme d'archives. Reste à voir si une telle conception de la mémoire est suffisante.

Le second texte est bien différent. Il met en scène un homme venu d'un âge relativement primitif et confronté à une guerre générée par des machines de calcul. C'est *L'Homme variable* (1953), de Philip K. Dick[1]. Le récit se situe après la Première Guerre mondiale et fait s'affronter les Terriens et les Centauriens. Les Terriens sont comme des prisonniers sur leur planète encerclée par leurs ennemis. Les deux sociétés s'opposent et sont dépendantes, dans leur décision de lancer une attaque, de leurs machines, qui ne cessent de calculer les probabilités de succès en fonction des armes en développement. Lors d'un test de la dernière arme des Terriens (Icarus), Thomas Cole est téléporté par erreur sur Terra. Cet accident résulte donc des efforts des Terriens pour apprendre du passé, pour visiter les Anciens afin de découvrir ce qui pourrait leur être utile dans leur conflit avec les Centauriens ; il est rendu possible par un exercice de mémoire, par une visite vers le passé disponible et accessible grâce à la technique. Mais l'archive est peuplée non seulement par des souvenirs et des documents mais aussi par des humains, des vivants. Or il se trouve que cet homme transporté dans le temps est un manipulateur, un technicien qui entretient des rapports quasi mystiques avec les machines, car il a la capacité de les voir, de les comprendre et de leur faire faire des choses inattendues. C'est dans ce sens que Thomas Cole est un « homme variable ». Dans un monde gouverné par le calcul et les probabilités, il s'introduit comme une variable inconnue, un facteur imprévisible et même invisible. Sa présence, tout comme ses dons et ses capacités de manipuler la technique, modifie les conditions de la guerre et neutralise en

1. Pour une traduction française du texte, voir Philip K. Dick, *L'Homme variable*, Paris, Librairie des Champs-Élysées, 1975. Pour plus de détails, voir, entre autres, <http://fr.wikipedia.org/wiki/Philip_K._Dick>, et pour le texte en anglais <http://www.gutenberg.org/ebooks/32154>.

quelque sorte le calcul. À la fin du récit, Thomas Cole démontre la puissance de sa variable : en modifiant Icarus, il permet aux Terriens de sortir de leur emprisonnement et de voyager au-delà de leur planète, évitant ainsi le conflit direct avec les Centauriens.

La nouvelle de Dick met en scène une version des contraintes imposées sur la société par le transfert des prises de décision vers des systèmes intelligents, transfert qui, en partie en fonction de la complexité des variables à considérer, risque d'éliminer le facteur humain. Dans ce contexte, la mémoire humaine se manifeste différemment. Elle s'incarne dans un individu et elle incarne ce qui, semble-t-il, ne s'intègre pas facilement à la mémoire de la machine. Le passé est toujours vivant, toujours dynamique, toujours animé, car il n'existe pas dans un absolu figé. L'archive est la mémoire vivante et l'archive numérisée est elle-même variable : elle change et transforme par le regard qui la visite et la consulte. L'homme est en quelque sorte l'interface avec la mémoire, le passé et la machine. Cette mise en perspective est éclairante et elle s'applique bien à nos archives aujourd'hui : le contenu archivé est toujours soumis à une perspective, toujours accessible *via* une interface technique, un cadre qui n'est jamais ni neutre ni innocent. Il ne suffit point d'archiver, il nous faut aussi penser l'accès. Les interfaces sont les agents variables, les agents de la variance qui habitent la culture numérique, surtout dans son ambition de convertir l'héritage culturel. Cette conversion est soumise non pas seulement à un accès classique, mais aussi à la lecture des machines, une lecture automatique qui exploite les classifications et les catégorisations des données. On a déjà vu l'importance croissante de ces données accessibles à tous et qui ne cessent de peupler les plates-formes.

La production du contenu n'est plus désormais le privilège des humains. Les machines, les systèmes de consultation, les moteurs de recherche sont tous autant d'auteurs et d'éditeurs. Comme on l'a vu dans le cas de Qwiki ou même, à un moindre égard, de Storify, les logiciels sont aussi capables de produire des formes narratives, des récits qui rassemblent ces données dispersées sur le réseau mais facilement accessibles et facilement assimilables à des formes de présentation et de contextualisation. Est-ce que la curation dans ses premiers pas va nous permettre d'équilibrer le poids croissant de cette tendance à la génération automatique de contenu ? Cela reste à voir.

Entre le robot pensant et télépathe et l'homme variable, il existe un troisième modèle, une troisième voie. C'est celle de l'avatar[1].

Rappelons qu'« avatar » nous vient du monde védique : dans la religion indienne, l'avatar désigne la descente d'un dieu sur la terre, en particulier les incarnations de Vishnou. Dans l'imaginaire de la culture numérique, l'avatar est le site de tous les rêves et de toutes les utopies. Mais les avatars émanent aussi d'un désir puissant, d'une forme d'esclavage noble qui consiste pour un individu à étendre et élargir sa présence mais qui soulève d'importants problèmes éthiques et philosophiques (comme ceux animant la réflexion transhumaniste). Rêve ancien qui associe l'intelligence à la transmission et qui a toujours voulu saisir ce qui caractérise et distingue l'humain. L'« automate », le « robot », la « machine » et l'« avatar » ne sont que les noms donnés à cette séduction de la genèse, dans le sens biblique du terme, à ces efforts de procréation, à une volonté de survivre à soi-même et de combattre l'ordre naturel. Un conflit, donc, entre les contraintes du vivant, son déclin inévitable, et une autre manière d'exister, une volonté de l'ailleurs.

Ce rêve, qui de nos jours semble se réaliser dans les mondes virtuels et la culture numérique, met en relief des

1. Pour l'avatar dans la science-fiction, il faut surtout se reporter au magnifique texte de Roger Zelazny, *Lord of Light* (1967). Voir <http://en.wikipedia.org/wiki/Lord_of_Light>.

questions qui restent sans réponses mais qui ont donné lieu à – et continuent à générer – des réflexions de premier ordre, que ce soit dans la fiction, le cinéma ou bien la philosophie, pour ne rien dire de la médecine et de l'innovation technologique. Comment se transférer dans un être construit ? Peut-on télécharger son cerveau et sa personnalité dans un hôte intelligent et qui assurera la survie de l'être au-delà de son premier corps ? Comment expliquer le clivage important entre la conscience et l'autonomie ? Pendant longtemps on a essayé de lier l'automate dans toutes ses manifestations à des formes de la conscience humaine, cette espèce d'insaisissable (pour la technique, sauf si on accepte des formalisations limitées de la conscience) séduisante, une forme d'identité reconnaissable mais qui nous échappe, même dans le langage (ou peut-être surtout dans le langage). Le robot menteur en est un cas : intelligent, télépathe, il jouit d'une mémoire et d'un savoir incomparables, mais il tombe, victime de sa propre ruse, dans un milieu humain, trop humain. Le robot n'est pas un avatar bien qu'il soit intelligent. Il semble lui manquer la chose qui lui permettrait d'accéder à ce niveau de l'humanité, à cette forme d'incarnation. Car si le récit d'Asimov nous apprend quelque chose, c'est bien l'insuffisance de l'intelligence seule. La spécificité de l'humain réside dans quelque chose de plus vague, d'imprécis, et à quoi nous donnons des noms divers : « conscience », « personnalité », etc. Telle est cette variance incarnée par l'homme variable de Philip K. Dick.

Aujourd'hui, il semble qu'on soit passé à une autre problématique : celle de l'autonomie de l'avatar à venir[1]. Du coup, l'existence de ces êtres nous met en face des nouvelles réalités

1. Pour une idée sur cette autonomie des avatars, voir le dossier consacré à la juridiction touchant à leurs droits dans Olivier Iteanu, « Le droit des avatars, un droit en marche ? », *Documentaliste*, n° 47, 2010, p. 22-23.

de l'environnement numérique. L'avatar incarne l'intelligence, une forme d'intelligence dite « artificielle ». Mais à quoi correspond-elle ?

L'avatar peut apprendre et évoluer, et il le fait à sa manière. Une question reste, une question semble-t-il toujours ignorée : peut-il oublier ? Car, pour reprendre une expression de Nietzsche, les hommes sont des « monstres d'oubli » ; pour innover et changer, pour voir autrement, il faut pouvoir et savoir oublier. L'avatar nous invite à penser non pas une science de la mémoire presque sans faille et sans limites, mais un art de l'oubli à l'ère du numérique. L'oubli est peut-être le sujet premier de l'humanisme numérique.

Avec l'oubli, une seconde difficulté se présente, celle de l'arbitraire et, dit-on, du hasard. Si la nature n'a pas vraiment de langue, elle est néanmoins, à ce qu'on nous dit, régulière et structurée. Dans le monde numérique, il est très difficile, pour ne donner qu'un exemple, de générer une suite arbitraire de nombres : on parle souvent de « pseudo-génération » d'une telle suite. Les avatars souffrent, si j'ose dire, de cette généralisation de la pseudo-génération. Oubli et hasard sont les grands obstacles à une véritable autonomie de ces créatures animées, à la mémoire sans limites.

Un avatar a-t-il des droits ? Quel est son destin ? Peut-il mourir ? Ressusciter – surtout qu'il est lui-même l'agent d'une incarnation ? Un avatar plus ou moins autonome, c'est-à-dire mû par des connaissances et un vécu qui ne sont pas exclusivement une extension de son initiateur, a-t-il le droit de se détacher de son créateur, de se libérer et de retrouver une existence autonome ? Dans quelles circonstances ? Quel est le statut du code qui anime et motive ces êtres, ces « anges numériques », pour reprendre la belle expression de Luc Steels[1] ? Avec la réalité augmentée, les avatars joueront un rôle de plus en plus important

1. Voir Luc Steels, « Digital Angels », <https ://arti.vub.ac.be/~steels/sued-deutsche.ps>.

dans notre avenir numérique, mais aussi dans la gestion de notre présence et de notre identité numériques.

Avec le test de Turing (1950)[1], on est passé de la pensée (« *Can a machine think ?* ») au modèle du jeu, de la mise en scène et de la modélisation des problèmes et de la résolution de problèmes d'ordre mathématique ou autres. Un glissement vers l'abstraction et la formalisation (voire le formalisme logique) rendu possible grâce à la logique pour dépasser l'insurmontable problème de la conscience et de la pensée. Comment identifier, dans ce contexte et compte tenu de l'évolution de la culture numérique actuelle, quelque chose qui ressemble à de la pensée autonome, ici conçue comme une forme d'aide à la décision, ou s'en rapproche ? Un problème persiste néanmoins, et ce, malgré les progrès réalisés depuis les années 1950.

Notons que, dans le test initial de Turing, il était déjà question d'homme et de femme, de déguisement et de genre. Un homme et une femme essaient de convaincre les joueurs qu'ils sont tous les deux des hommes. Le passage du connu ou du prévisible vers l'inconnu et le nouveau : une machine peut-elle être à l'origine de quelque chose de neuf, d'inédit ? Certes, on a pu découvrir grâce aux machines intelligentes des choses qui autrement seraient restées inconnues. Personne n'en doute aujourd'hui et il n'est pas question ici de défendre une forme d'intelligence humaine qui restera inconcevable dans ou par une machine. Notre savoir est inséparable de l'intelligence numérique.

Ce qui semble résister, c'est tout simplement le langage, ce langage dit « naturel » dans la vulgate des numériciens, ou, plus précisément, le dialogue et la conversation : comment un bot*, un avatar, pourrait-il dialoguer intelligemment avec un humain sur une durée de cinq ou dix minutes[2] ? Le

1. <http://fr.wikipedia.org/wiki/Test_de_Turing>.

2. Pour apprécier cette réalité, il suffit de se reporter à la traduction automatique, qui, malgré les grands progrès qu'elle a accomplis, nous

dialogue est révélateur, car il met en relief le rôle crucial joué par la présence et le contexte, et, comme le dit bien l'anglais, l'intelligence est « *context bound* », l'intelligence est fonction d'un contexte. Ici, nous sommes loin d'un modèle unique, homogène et universel, facilement modélisable. La diversité des langues et des cultures implique une diversité d'intelligences. Intelligence et cognition sont ainsi au centre de ces aventures virtuelles, aujourd'hui hybrides car elles ne cessent de nous faire voyager entre un réel et un virtuel. Mais, comme le dit le poète, « le décor a toujours raison ».

Une faille technique

Ce parcours dans l'imaginaire du numérique est l'occasion de mettre en relief un oubli fondamental de la culture et de la technique numériques, un oubli de l'oubli. L'oubli constitue la faille de la technique numérique. Tout se joue sur le fait que la machine, le système, le réseau fonctionnent de façon à garantir une mémoire sans défaut, sans faille : une sorte de continuité, de cohérence et surtout de pertinence liée au travail de mémoire. Tout se passe comme si la continuité de l'accès était aussi une continuité de la mémoire, car il est vrai que cette mémoire est nécessaire pour un accès intelligent et efficace. Or l'oubli, cette forme de fragilité numérique, est constitutif non pas seulement de l'humain mais aussi de l'apprentissage et de la pensée. Oublier ne veut pas dire seulement et exclusivement perdre. Cela veut dire pouvoir voir et interroger des choses et des territoires iné-

laisse toujours sur notre faim quant à l'intelligibilité de ses résultats. Nous nous permettons de renvoyer ici à Agnès de Cayeux, « Alissa, discussion avec Miladus », Jeu de Paume, <http://www.jeudepaume.org/?page=article&idArt=1210>, et surtout aux archives des conversations entre Alissa et les internautes et les avatars sur *Second Life*.

dits, explorer des nouveautés en laissant de côté des choses connues ou mémorisées. L'algorithme, pensé dans son efficacité mimétique de doubler l'humain ou le vivant, ou même de les dépasser, n'a pas encore affronté cette dimension de la créativité humaine[1]. L'intelligence n'est pas seulement ce qui permet au vivant de fonctionner et survivre, elle est aussi sa signature dans le sens où elle transforme le milieu et le contexte en un espace habitable et façonné selon les choix, certes complexes, de l'homme. Ces choix sont souvent animés par des stratégies d'oubli qui restent inaccessibles à la machine et à la technique.

La culture numérique, dans sa quête de l'absolu, est une forme inédite de la maîtrise de la mémoire. De la mémoire individuelle comme de la mémoire collective. Elle ne cesse, et ce, malgré la complexité de la constitution des archives numériques et surtout malgré les difficultés d'un patrimoine numérique hybride, de nous faire miroiter des promesses d'archives sans limites, des archives sans oubli. Une telle expansion des registres de la mémoire ne va pas de soi, car elle met en jeu toute une série de déplacements et de modifications touchant à nos rapports à l'histoire et à l'identité.

Sur le plan individuel, il suffit de penser au projet de Gordon Bell, MyLifeBits[2], qui a l'ambition de sauvegarder toute une vie, c'est-à-dire de conserver des archives englobant tout

1. On retrouve sur cette question Philip K. Dick dans sa nouvelle *We Can Remember It for You Wholesale*, adapté en film (*Total Recall*) en 1990. La mémoire absolue, sans perte, est un piège.

2. Pour les détails concernant le projet, voir <http://research.microsoft.com/en-us/projects/mylifebits/> ; pour le livre qui décrit et explique le projet, voir <http://totalrecallbook.com/blog> et Gordon Bell et Jim Gemmell, *Your Life, Uploaded*, Plume, 2010. Voir aussi l'essai de Viktor Mayer-Schönberger, *The Virtue of Forgetting in the Digital Age*, Princeton University Press, 2009, pour un plaidoyer pour l'oubli numérique, surtout du point de vue de la gestion des données privées.

ce qui peut être préservé sur un disque dur, qu'il s'agisse de livres ou de lectures, de musiques, d'échanges en ligne, de photos ou de n'importe quel autre objet susceptible d'être enregistré sur un support numérique. On retrouve dans ce cas exemplaire l'imaginaire de la culture numérique quant à ses efforts pour saisir la vie et se la représenter sous des formes converties, c'est-à-dire dans un contexte peuplé par des fragments et des bribes de textes, d'images, d'échanges qui, mis bout à bout, offrent une sorte de capture de la vie d'une identité numérique. Un chapitre du livre est particulièrement révélateur ; c'est celui consacré aux différences entre la mémoire numérique et ce que les auteurs nomment « mémoire biologique », ou « bio-mémoire »[1]. Pour les architectes de MyLifeBits, la mémoire classique est fragile de nature, elle souffre de pertes, elle est sujette à l'oubli, alors que la mémoire numérique ne connaît point de telles failles. Cette différence anime bien des discours sur les avantages du numérique dans ses rapports avec l'humain.

Si la culture numérique modifie l'humain, c'est essentiellement dans sa manière d'infléchir nos rapports à la mémoire et dans sa façon de nous faire croire que la mémoire est l'équivalent de l'accès à des données ou synonyme d'une forme de disponibilité de l'information. Dans ce sens, la culture numérique modifie bien notre regard sur les choses et les objets, sur l'histoire elle-même comme sur les registres de la conversion numérique généralisée. Ainsi, les projets de numérisation monumentaux correspondent aux projets d'archives personnels, aux projets d'archives des personnes, car, suivant le mouvement de cette conversion, l'archive joue un rôle premier dans la modification de la personne en traduisant l'archive des activités en une archive d'une individualité. Les glissements sont ici déterminants, car on s'oriente vers le

1. Gordon Bell et Jim Gemmell, *Your Life, Uploaded*, *op. cit.*, chapitre 3, « The Meeting of E-Memory and Bio-Memory ».

quantitatif. Les problèmes deviennent des problèmes d'interopérabilité entre formats et systèmes, entre plates-formes et supports. La mémoire se matérialise, et, se numérisant, elle semble vouloir oublier une fois pour toutes l'oubli lui-même. Dans ce geste majeur de la civilisation numérique, la mémoire devient propriété, car elle sera hébergée et manipulée comme toute autre information.

Dans un sens, ces projets monumentaux, ces désirs d'absolutisme ne font qu'accentuer une tendance inhérente au numérique : tout doit devenir numérique, et surtout l'agent humain. Ainsi, cette orientation aujourd'hui plus visible et plus transparente inaugure une nouvelle ère, l'époque de l'histoire sans lacunes, de la bibliothèque complète et universelle, d'une sorte de mémoire collective de l'humanité accompagnée par les mémoires des individus circulant sur le réseau. Nous sommes contemporains d'une civilisation émergente, avec sa mythologie propre. Ce qui n'est point dit, ce qui n'est point présent, c'est toujours cet oubli humain. Et plus encore cet oubli qui est une forme productrice de l'activité individuelle et de la société. La question qui se pose et que nous devons nous poser est celle de l'apprentissage dans la culture numérique. Si la conversion numérique est inévitable, comment faire pour rendre sa place à cet oubli ? Comment penser et imaginer des interfaces, des archives susceptibles de permettre au libre jeu de l'oubli de jouer sa part dans cette civilisation naissante ? Comment apprendre cet oubli au numérique ?

Les débats actuels autour du droit d'oubli ne sont qu'un symptôme de ce rapport entre le numérique et la mémoire. La traçabilité, le stockage quasi infini et incontrôlé des données et des historiques, l'archivage de toute forme de présence en ligne et surtout le fait que ces informations n'appartiennent pas aux utilisateurs, voire ne leur soient presque jamais accessibles, renforcent la séparation entre les traces matérielles d'une activité et leurs usages futurs par des agents autres que l'utilisateur qui en deviennent les propriétaires. L'alliance entre technique numérique et mémoire est aussi le moteur d'une nouvelle économie, celle de la réputation : puisque en effet on ne peut rien effacer, toute une gamme de services a été créée pour répondre à cette réalité. Ces services proposent, après une recherche approfondie sur les traces et la réputation d'une identité (individuelle ou collective), d'administrer et d'aménager cette réputation. Pour ce faire, ils doivent souvent produire de nouvelles données, des données visibles aux moteurs de recherche et aux réseaux sociaux et dont le but est de masquer certaines des anciennes informations jugées indésirables. Autrement dit, pour modifier la visibilité d'une identité, on fait tout pour refouler d'autres variables de visibilité vers les coins oubliés du Net. Ces coins oubliés deviennent invisibles dans la mesure où les utilisateurs ne les voient pas sur les premières pages d'un moteur de recherche. Dans ce cas, l'oubli est bien autre.

Le droit à l'oubli exprime bien autre chose : effacer doit être un droit. Nous n'avons pas encore mis en place un système qui permette de prendre en compte toute la difficulté et toute la complexité d'un tel droit[1]. La mémoire – ici, les traces archivées sur des serveurs appartenant à des fournisseurs divers – devient la propriété matérielle de l'entreprise qui offre des services d'accès aux plates-formes elles-mêmes. En d'autres mots, la trace et sa mémoire ont aussi une valeur économique qui ne fait que renforcer l'imposition de ce nouveau régime de la mémoire[2].

1. Nous nous permettons ici de renvoyer à une chronique, « Effacer est un droit », reprise dans la nouvelle édition de *La Grande Conversion numérique*, *op. cit.*, p. 269-270.

2. On ne considère dans ces remarques que le contenu produit par des identités comme sujet à un oubli possible et non pas le contenu produit par d'autres et qui sera soumis aux désirs et volontés des identités impliquées. Plus encore, il faut distinguer entre les données générées automatiquement par les plates-formes et les fournisseurs et le

Ainsi, la question de l'oubli ne concerne pas seulement l'avatar ou la machine en quête d'une forme d'humanité. Elle n'est pas limitée à ce désir de devenir humain et d'essayer de reproduire une vie, une expérience, en retenant tous les éléments d'une telle vie. L'oubli est l'impensé et l'impensable de la technique et de la culture numérique, car il a toujours été considéré comme quelque chose à conquérir. L'oubli nous montre la différence entre le réseau et ses archives, d'un côté, et l'homme et sa mémoire, de l'autre. Cette différence nous incite à penser les mutations liées à la numérisation.

Notre patrimoine s'est constitué historiquement non pas seulement par ce qui a été sélectionné et préservé mais également par ce qui a survécu. Notre rapport avec ce patrimoine est en grande partie façonné par ce mécanisme. Avec le numérique, on a l'impression que le patrimoine contemporain, celui qui est déjà numérique, obéit à d'autres lois. Puisque en principe tout est ou peut être archivé et sauvegardé, la notion même de patrimoine change. Bien sûr, on n'en est pas encore au point où nous pouvons tous tout archiver, mais l'évolution de la technique et la baisse du coût des supports de stockage et d'archivage ne font qu'encourager une telle attitude. Rappelons-nous aussi que la curation est une pratique associée au patrimoine, c'est-à-dire à la gestion des objets et du contenu des archives et des collections. La convergence entre ces deux pôles peut donner lieu à des propos comme ceux des auteurs de *Total Recall*. La quête

---

contenu proprement dit produit par des utilisateurs. Il n'en reste pas moins vrai que, en tout cas pour nous, la question de l'oubli n'est pas une manière de réintroduire une forme de censure sur les informations circulant sur le réseau. Loin de là. Par contre, l'oubli pose un problème fondamental et qui n'est discuté le plus souvent que du point de vue de ses rapports avec la « *privacy* » et la censure. Voir, entre autres, Peter Fleischer, « Privacy… ? Foggy Thinking about the Right to Oblivion », <http://peterfleischer.blogspot.com/2011/03/foggy-thinking-about-right-to-oblivion.html>.

d'absolu caractéristique de la culture numérique est déplacée vers l'individu, vers l'identité dans son désir de se créer une histoire, une sorte d'autobiographie numérique qui sera constituée de la somme de toutes ses activités enregistrées et archivées. Le numérique modifie bien nos rapports avec le temps et avec l'espace. La mémoire numérique nous met face à une nouvelle temporalité, celle des archives et des moteurs de recherche, une temporalité centrée sur l'accès et la « *findability* », c'est-à-dire la qualité que possède un objet numérique d'être visible par une forme de recherche.

Les Anciens avaient leurs mythes, les civilisations sans écriture leur oralité. Dans les deux cas, ces sociétés anciennes ont développé des techniques narratives qui sont autant de techniques de transmission et de préservation de l'histoire. C'est dans ce sens qu'il nous faut une mythologie du numérique, c'est-à-dire une sorte de rappel de ce qui échappe à cette technique et à sa culture. Ainsi, on retrouve nos avatars, ces suppléants en quête d'histoire et, semble-t-il, d'humanité. Leur ambition ne fait que reproduire ce qui est indicible, voire impensable, au sein même du numérique. Pour devenir humain, l'avatar modifie l'humanité elle-même. Et l'homme, grâce à ses oublis, ne fait que rappeler à la technique sa faille et ses utopies.

L'Index et le visage

La fortune ne se cache plus. Il semble qu'elle ait choisi de s'exhiber. Elle s'affiche, même. Pour ce faire, elle s'est transformée, afin de mieux correspondre à la nouvelle réalité de notre ère numérique. Elle a ainsi pris une nouvelle forme, reconnaissable et banale : un bouton, un simple bouton, lui sert de nouvel habit qui la naturalise sur la scène numérique contemporaine. Ce bouton est quasi invisible, car il est rarement utilisé. Son omniprésence le fait presque oublier ; plus exactement, elle le réserve aux usages de quelques élus et aventureux, ceux peut-être qui ont encore quelque chose de cette *virtù* d'antan. Sur la page d'accueil de Google, célèbre pour sa simplicité, deux boutons semblent suffire. Le premier, reconnu de tous, renvoie à la recherche normale, avec l'infini de ses réponses ; le second, sous l'aura de la fortune, élimine tout ce qui est superflu et de trop. Ou du moins c'est sa promesse. Il donne accès directement à une seule réponse, il amène l'internaute à un seul site. Il conduit vers ce qui, du point de vue du moteur de recherche, correspond le mieux à sa demande. Un jeu de désir, donc. Mais aussi d'efficacité et d'économie. Nous sommes bien loin des mystères de ses pouvoirs, des énigmes, et de ses faveurs qui ont préoccupé les auteurs anciens. Ainsi, un jeu partagé entre le hasard relatif et l'efficacité s'est mis en place dans le cadre de la simplicité graphique la plus prononcée. On s'est même souvent demandé pourquoi Google, jusqu'à son annonce récente (celle de Google Instant et au nouveau paradigme de la recherche assistée dans le présent continu du flux, paradigme de la suggestion et de la recommandation), avait choisi de maintenir ce bouton devenu le symbole à la fois de la puissance de l'Index et de ses effets sur l'héritage culturel qu'il fait défiler sur la scène. Car, il ne faut pas l'oublier, le choix esthétique est porteur d'engagement et de présupposés importants, et même révélateurs.

Un bouton, donc, comme une porte en attente. Ou comme une toile pleine de promesses de vérités et de rencontres. Mais aussi deux boutons, comme pour célébrer le triomphe de l'ordre binaire, de ces zéros et uns qui sont la matrice même de notre ère numérique. Matrice, bien sûr, mais aussi bifurcation, entre le destin et la destination, entre la *virtú* technique et la fortune supposée, voire la chance de ne pas perdre son temps à naviguer dans les multiples choix offerts comme possibles réponses à toute requête. Lors de sa présentation de Google Instant, le PDG de Google a dit : « *We want to give you your time back* » (Nous voulons vous rendre votre temps)[1]. Le passage de la chance, de la fortune, incarnées par une destination unique vers l'Instant, symbolise une évolution importante dans la conception de la temporalité numérique de la culture de l'Index. Du point de vue de Google, et sous la pression du succès des réseaux sociaux, le modèle de la recommandation, qui allie l'algorithme avec une sociabilité accrue, permet de joindre deux manières d'être et de vivre dans l'environnement numérique. Il reste que cette dette, ou cet emprunt, évoquée indirectement par Google révèle une réalité : la recherche, toujours inévitable étant donné la surabondance de l'information et sa croissance exponentielle, n'est plus suffisante. Un second facteur s'est introduit, une variable humaine qui lui substitue le regard

1. Voir <http://techcrunch.com/2010/09/28/eric-schmidt-future-of-search/>.

d'un individu, d'une identité. C'est l'une des innovations de la sociabilité numérique : la valorisation de la dimension humaine, bien qu'elle soit souvent cadrée par des contraintes techniques. On est même conduit à associer cette nouvelle ère à l'émergence du visage au sein de l'environnement numérique. Visage : non pas à cause de Facebook, mais plutôt en fonction, comme on l'a vu, du rôle important joué par les représentations de l'humain dans la sociabilité numérique. Et aussi en référence à un remarquable texte de Simmel qui situe le visage au cœur de l'expérience culturelle et esthétique[1].

Les boutons du destin

Le visage, matrice d'une perception culturelle et moyen d'associer l'information à une forme d'échange et de dialogue, modifie surtout la visibilité et la présentation de cette conversation. Les boutons devenus synonymes de sociabilité marquent cette différence radicale avec la culture de l'Index incarnée par Google et sa page d'accueil. D'une certaine manière, on peut dire que cette évolution est véhiculée par les différents boutons et par ceux qu'ils rendent possibles. Si les boutons de Google reflètent une économie de la pertinence et de l'efficacité, ceux des réseaux sociaux, comme on l'a vu, transforment radicalement la pertinence et s'inscrivent dans une logique de la curation et de la signature.

Mais restons encore un moment avec Google. Les deux boutons (« Recherche » et « J'ai de la chance ») réunissent les

1. Georg Simmel, « La valeur esthétique du visage », *A Collection of Essays*, Kurt H. Wolff (ed.), Athens, Ohio University Press, 1959, p. 276-281. Voir surtout l'analyse de James T. Siegel, « Georg Simmel Reappears : "The Aesthetics Significance of the Face" », in *Object and Objections of Ethnography*, New York, Fordham University Press, 2011, p. 3-20.

deux extrêmes, les deux pôles d'un parcours évalué selon une temporalité spécifique : le premier est une voie désormais classique, celle de la surabondance, de l'excès et souvent du superflu ; le second a un objet unique : la pertinence et la fortune. Cette fortune, curieusement, est liée d'une manière explicite à l'individu, à sa volonté ou à son choix de contourner les chemins multiples du labyrinthe des données accessibles pour aller vers la source élue, vers ce qui correspond le mieux, selon la technique, à sa demande et à son désir. Mais elle est liée aussi à une volonté de l'entreprise de maintenir une image de liberté, d'offrir un espace hors jeu, sans publicités, qui fera oublier à l'internaute que Google gagne son argent grâce aux publicités – une page sans pubs, sans commerce, préserve l'idéal premier de la compagnie, celle d'une affirmation de l'éthique de la technique et de ses promesses. Moins de 1 % des utilisateurs sont tentés par ce second bouton omniprésent, mais ce 1 % équivaut à une perte de 330 millions de dollars par an : un beau sacrifice pour l'honneur de la science au service de la société ! Souvent, il est vrai, cette adresse unique est la bonne. Mais parfois elle nous réserve des surprises, car elle peut être manipulée, nous révélant la vie cachée de l'Index, ses mystères, voire sa fortune.

Ce bouton emblématique de notre fortune numérique a une histoire. À ses débuts, il incarnait la distinction et l'efficacité. La distinction, parce qu'il était inédit, offrant un choix qui n'était que l'expression de la confiance des créateurs de Google dans leur système. C'est-à-dire qu'il permettait une comparaison avec les autres moteurs de recherche de l'époque, exhibant ainsi à la fois la singularité de Google et sa spécificité. Depuis, sa présence s'est avérée comme la signature de cette garantie de qualité, une forme d'identité à part. Ce choix est on ne peut plus éloquent, car il accompagne en même temps l'autre dimension de Google, celle liée à son nom (un nombre infini) et à sa capacité d'archiver et de rechercher tout ce qui est disponible et accessible. On est là face à deux ordres du sublime conjugués au quotidien : celui de l'unique et, dans ce contexte relatif, de l'infinitésimal, et celui de l'infini du sublime mathématique, de la totalité dans sa représentation arithmétique. Ce dédoublement est souvent visible dans des cas exemplaires et hors du commun où la recherche d'une phrase conduit, par la volonté d'une personne ou d'un groupe motivé, à des résultats pervers : tapant « George Bush », vous tombez sur « Criminel de guerre », par exemple.

Mais l'essentiel est ailleurs. Il réside dans l'exploitation des effets de cette fortune si particulière sur un discours portant sur l'information et son statut culturel, voire politique. Si, au premier abord, le bouton de la fortune (l'expression est permise) se révèle un choix économique pour l'individu (vous ne perdez pas votre temps à vérifier des dizaines, voire des centaines de résultats ; vous faites confiance à Google pour vous offrir le meilleur et le plus approprié), il faut accepter le fait que Google a déjà tout lu, tout indexé, d'une manière neutre et intelligente, évalué tout ce qui existe. L'économie du temps est ici l'expression d'une autre économie, celle de l'exhaustivité et du global. Cette convergence entre les deux, innocemment véhiculée par ce bouton présent mais silencieux, nous incite à examiner de plus près ce que Google dit de ses motivations et comment il pense sa fonction.

Ce détour par certains des enjeux de la conceptualisation de l'information de Google nous ramène à notre point de départ. « J'ai de la chance » est une invitation, une suggestion offerte à tout internaute. Souvent, les utilisateurs ne savent même pas quelle idée est derrière ce bouton et certains se sont imaginé quelque chose comme un jeu surréaliste, une sorte d'écriture automatique, conduisant vers des sites surprises et sans aucun véritable lien avec une requête. Mais il se trouve qu'un tel jeu des coïncidences, recherché souvent par des poètes, n'a pas lieu d'être dans une culture de la technique, une culture qui, il faut le souligner, confond sa façon de voir l'information avec la production culturelle. Pire encore, l'évolution récente de Google met en relief le complément de ce choix. Dans le nouveau paradigme, influencé par le succès des microformats et par un service comme Twitter, voué au flux et à l'accès immédiat et continu, le moteur de recherche se réinvente. La nouvelle page a fait disparaître le bouton de la fortune, sacrifié sur l'autel de la nouvelle mode et de ses contraintes (mais il reste accessible : il suffit de savoir le trouver et de l'activer). Ce qui le remplace, c'est un autre jeu, plus puissant car plus efficace. Google, au lieu d'attendre la formulation complète de la requête, suggère, au fur et à mesure de la composition des lettres, des choix tout en lançant, dans le background, des recherches associées aux mots déjà composés. La question qui se pose ici est celle des effets potentiels de ces suggestions sur l'orientation des activités des internautes. S'agit-il de simples suggestions, ou bien de nouvelles matrices qui, en fonction de leur propre rationalité, vont façonner, dans la longue durée, les perspectives et les interprétations des utilisateurs ? Certes, l'utilité d'une telle technique est indéniable, mais elle va ouvrir à la fois de nouvelles possibilités inscrites dans le langage de l'indexation et des exclusions qui seront de nouvelles formes d'oubli au sein des archives les plus complètes. On retrouve ici cette duplicité, ce dédoublement que nous avons déjà évoqués à propos des deux boutons de la page classique de Google. Sauf que, dans cette nouvelle ère, le bouton unique incorpore et multiplie ce qui était réservé à la chance telle qu'elle était interprétée par Google. Au lieu d'une page ou d'un site unique, les composantes mêmes de toute requête offrent de multiples possibilités. L'infini mathématique est converti en un infini sémantique, et la fortune, symbole d'un choix et d'une sorte d'élection, est convertie en une série, dans le sens technique du terme. Ce geste est emblématique de la nature même de la technique numérique. Car le numérique est une technique en quête d'absolu : elle vise à englober toutes nos activités quotidiennes. Google, dans son évolution historique, nous rassure dans nos rapports avec la technique.

Tous flâneurs

Pourtant, à regarder les choses de près, cette assurance est partielle. Certes, la culture numérique déconcerte. Pour certains, elle risque de trivialiser l'humain, car souvent elle semble sacrifier la réflexion, la maîtrise de soi, voire la sérénité, au profit de l'accélération et de la nouvelle spatialité, de la rapidité et de l'efficacité immédiate. Ainsi, on a pu parler d'« effroi technologique » ou du risque de la perte de la primauté de l'humain comme centre de l'activité culturelle, comme dans certains récits apocalyptiques de science-fiction. Ce n'est pas notre point de vue ici. Il est question, à travers le filtre de la fortune, de s'interroger sur l'imaginaire du numérique.

Dans le cas des réseaux sociaux, les boutons sont bien différents. Sur Facebook, par exemple, il est question d'« amis » ou de « *like* »[1]. La navigation s'organise et structure autrement la lecture et l'interactivité. C'est une option personnelle, une sorte de substitution de la reconnaissance à la recherche. Ce déplacement est bien cohérent, car, en principe, tout est lié au profil de l'utilisateur, c'est-à-dire par une liste (un index) d'intérêts, alors que dans le cas de la recherche classique l'intérêt est temporaire, obéissant à une autre temporalité et associé à des circonstances précises. En fait, cette autre temporalité devient une sorte de longue

1. Voir par exemple François Erwan, « Facebook : dire "pouce" face au "like" », <http://owni.fr/2010/12/16/facebook-dire-pouce-face-au-like/>.

durée qui anime et nourrit les réseaux sociaux : elle active un contexte continu, un nouvel espace, soutenu par l'échange et ancré dans une série de choix saisis dans le profil et souvent soumis aux effets de la suggestion. Dans ce sens, les boutons de Facebook cherchent à réduire le hasard et à offrir à l'utilisateur des liens plus appropriés à ses intérêts, plus proches de son réseau. On trouve là une sorte d'équivalent, mais déplacé vers le réseau d'amis, à ce que le bouton de Google semble promettre. Dans les deux cas, il est question d'efficacité et d'économie – mais des efficacités et des économies différentes. À comparer Google et Facebook, on est frappé par un second détail : Google, tout en essayant d'archiver tout ce qui est accessible, agit comme un renvoi, un lieu de mémoire qui permet d'accéder à un contenu, une sorte de passage. Le modèle de l'Index est tel qu'il représente à la fois l'archive et l'interface, et surtout les moyens d'accéder au contenu recherché. Dans le cas de Facebook, c'est le contraire : les boutons, les liens, les échanges, tout ce qui se fait agit en principe afin de maintenir l'utilisateur sur le site et surtout à l'encourager à importer et centraliser ses flux, ses lectures et même ses recherches sur Facebook. L'espace est habitable, le mur est le site de l'échange et non plus de la recherche. Tout est conçu pour prolonger cette forme de résidence. Ce sont donc deux formes de gestion de l'information et de sa manipulation par l'internaute distinctes, voire opposées. Cette différence explique aussi la dimension « fermée » de Facebook, sa tendance à vouloir être une destination à sens unique.

Mais Facebook, malgré son nom, n'est pas l'incarnation de ce paradigme du visage. Il ne représente qu'une variation, une implémentation partielle : le paradigme du visage est à venir. Il ne peut être restreint à un seul site, à un modèle unique. Car le visage, comme le note Simmel, incorpore une culture et souvent la donne à voir au regard de l'autre. Dans un sens, le visage est un document vivant, un document dynamique et interactif, qui se révèle dans l'expression et sa perception. C'est bien cette dimension du document vivant que la culture numérique est en train d'élaborer. Car la sociabilité numérique est une première étape vers cette mutation à la fois de la notion même de document et du vivant numérique.

Évoquant à propos de l'humanisme numérique les trois humanismes formulés par Claude-Lévi Strauss, nous avons souligné les liens intimes entre chacun de ces humanismes et le document culturel. Ainsi, le document vivant correspond bien à ce quatrième humanisme, car il modifie radicalement nos rapports avec la temporalité et avec la spatialité.

L'homme numérique, l'*Homo numericus*, n'est point une créature du calcul et de la prévision ; il s'est forgé un espace à lui, car il est, pour reprendre le titre du texte de Philip K. Dick, un des prophètes du monde numérique, un « homme variable ». Comme dans la nouvelle de Dick, qui raconte le rôle joué par un individu doté du pouvoir singulier de manipuler les machines et de leur faire faire des choses contre toute attente, la variation dans le monde numérique est une forme de contestation et de résistance contre les tendances normatives de la technique. La variation et la variabilité sont comme la fortune, qui rend possible, qui actualise ce qui est imprévu en opposant des formes de rationalité différentes, et même contradictoires. C'est une sorte de négociation continue et constante entre les contraintes imposées par le calcul et ses manifestations numériques et une rationalité du quotidien, de ses hasards comme de ses habitudes. Deux rationalités aujourd'hui en cohabitation dans l'espace hybride de notre vécu numérique. La recherche comme la sociabilité de Facebook nous en fournissent deux exemples majeurs. Mais elles ne sont pas les seules, ni, surtout, les seules possibles et imaginables.

Nous sommes tous devenus des flâneurs dans ces espaces hybrides. Des promeneurs non plus solitaires mais entourés de leurs multiples relations, de leurs diverses identités, et circulant comme une voix, une présence, un corps, une identité. Notre visage est devenu l'Index de cette forme sociale que sont l'échange, la participation, le regard croisé des autres. L'anonymat n'est plus de mise ; nous sommes tous embarqués dans un mouvement qui nous séduit et nous dépasse. *To be or not to be* : telle n'est plus la question. Elle est le souvenir d'un oubli et le nom d'un rappel ; le reste est conversation. Les sites de notre sociabilité ont eux aussi changé. Notre salon est cette nouvelle ville virtuelle en émergence : ses rues dessinent le parcours du réseau, ses monuments rejoignent les grands nœuds, ces centres de concentration gros comme les ronds-points d'antan.

Claude Lévi-Strauss rappelle que l'anthropologue est plus à l'aise dans un village que dans une ville : « Un anthropologue se sent à l'aise dans un village de cinq cents habitants, tandis qu'une ville grande ou même moyenne lui résiste. Pourquoi ? Parce que cinquante mille personnes ne constituent pas une société de la même manière que cinq cents. Dans le premier cas, la communication ne s'établit pas principalement entre des personnes, ou sur le modèle des communications interpersonnelles. La réalité sociale des "émetteurs" et des "receveurs" (pour parler le langage des théoriciens de la communication) disparaît derrière la complexité des "codes" et des "relais"[1]. » De nos jours, le village est devenu global et les moyens de communication sont universels. Le numérique modifie et la ville et le village ; il dessine un nouvel espace partagé entre réel et virtuel. L'espace hybride de la culture numérique constitue une nouvelle manière de faire société. L'humanisme numérique est une manière de penser cette nouvelle réalité.

1. Claude Lévi-Strauss, *L'Anthropologie face aux problèmes du monde moderne*, *op. cit.*, p. 42.

Glossaire

Le seul but de ce glossaire est de fournir au lecteur des définitions de termes-clés relatifs à la culture numérique. J'ai puisé, pour le composer, à des sources en libre accès. On peut également consulter le glossaire de *La Grande Conversion numérique* suivi de *Rêveries d'un promeneur numérique* (« Points Essais », n° 667, 2011).

Amitié : Forme de relation réciproque entre deux identités sur un réseau social.

API [Application Programming Interface] : Interface de programmation. Ensemble de routines standard facilitant le développement d'applications ou la manipulation d'opérations sur une plate-forme.

Architecture : Conception d'un système informatique. L'architecture informatique touche à tous les aspects du système : matériel, logiciel et interfaces.

Augmentation : Ce terme se réfère à l'enrichissement de la lecture d'un texte et, le cas échéant, à l'usage de sources supplémentaires en divers formats (multimédias) et des commentaires publiés par des internautes.

Avatar : Représentation graphique d'un pseudo ou d'une identité numérique sur le réseau. L'avatar peut être en 3D dans les jeux ou les mondes virtuels. Le mot vient du sanscrit et veut dire « incarnation d'une divinité ».

Bot : Abréviation de « robot ». Se dit d'un programme qui peut agir comme le suppléant (agent) d'une identité ou d'un utilisateur.

***Cloud Computing* :** Terme qui décrit le stockage des données des internautes sur les serveurs de plusieurs fournisseurs y facilitant l'accès à travers des supports mobiles ou des points d'accès au réseau.

Code : Programme exécuté par un système informatique. Désigne aussi des textes détaillant formellement le déroulement de l'exécution d'un programme.

Curation : Dérivé du verbe anglais *to curate*, qui veut dire « identifier, classer et organiser ». Se dit d'un contenu évalué et partagé par un internaute.

***Follower* :** Relation entre identités sur Twitter.

Géolocalisation : Positionnement d'un objet ou d'une personne dans un lieu ou sur une carte grâce au système GPS (*Global Positioning System*).

Identité numérique : Représentation numérique d'un utilisateur individuel dans un environnement réseau.

Intelligence artificielle : Science des « machines intelligentes ». Désigne également les divers efforts déployés pour produire des équivalents informatiques de l'intelligence humaine.

Ontologie : Description formelle de propriétés, de catégories ou de types de relations existant entre des objets divers.

Participatif : Se dit d'un mode de partage de savoir et d'échange d'expertises ou d'opinions entre internautes sur des sites collectifs.

Plate-forme : Logiciel sur le Web permettant une exploitation spécialisée (comme un réseau social ou un site communautaire).

Profil : Ensemble de catégories et de données associées à une identité numérique dans un environnement social visant à donner une idée de la personnalité de l'utilisateur.

Réalité augmentée : Superposition d'un modèle visuel (2D ou 3D) avec des éléments réels. Utilisée dans les jeux vidéo, mais aussi dans l'éducation à distance, etc.

Réputation : Évaluation d'une identité numérique par les internautes ou les systèmes informatiques.

Réseau social : Environnement en ligne à traitement réparti, qui met en relation des utilisateurs individuels ou des organisations, sur la base d'accords mutuels et de leur appartenance au réseau.

Scholie : Terme grec désignant un commentaire ou une note philologique.

Tag : Mot-clé associé à un objet numérique.

Transhumanisme : Désigne plusieurs courants intellectuels qui partagent l'idée d'une convergence transformatrice entre l'humain et la technique donnant lieu à une transformation radicale du vivant.

Vie privée : Catégorie déterminée culturellement. Dans l'environnement numérique, elle renvoie au degré de contrôle qu'a un utilisateur pour ce qui est de gérer ses données confidentielles et limiter leur diffusion et leur utilisation par des tiers.

Index des noms

Aigrain, Philippe, 82
Alembert, Jean le Rond d', 36, 90
Appuhn, Charles, 91
Aristote, 25-26, 66, 74-85, 89
Asimov, Isaac, 142-143, 147
Augustin (saint), 45

Bacon, Francis, 57, 74, 102-103
Baudoin, Jean, 101-102
Bear, Greg, 136
Bell, Gordon, 151
Bénichou, Paul, 110
Benkler, Yochai, 9
Berners-Lee, Tim, 28
Berry, Gérard, 94
Bonnefoy, Yves, 29
Boyd, Danah, 60
Bray, Tim, 17
Breton, André, 31, 34
Broué, Michel, 52

Cardon, Dominique, 60
Casilli, Antonio, 60, 101
Cayeux, Agnès de, 150
Certeau, Michel de, 12
Chatelain, Jean-Marc, 100
Cicéron, 74, 91-94, 96

Dacos, Marin, 10
Detienne, Marcel, 16
Dewey, III, Milton, 141
Dick, Philip K., 144-147, 151, 165
Ducrot, Oswald, 102

Elias, Norbert, 40, 65
Empédocle, 75
Erwan, François, 163

Faucilhon, Joël, 9
Favier, Laurence, 49
Flaubert, Gustave, 21, 129
Fleischer, Peter, 155

Giard, Luce, 12
Goody, Jack, 40

Héraclite, 75
Herbert, Frank, 140
Herrenschmidt, Clarisse, 106
High, Steven, 126

Iteanu, Olivier, 147

Jeanneret, Yves, 13
Jessee, Erin, 126

Kroker, Arthur, 23
Kugel, James, 112

Lessig, Lawrence, 106
Lévi-Strauss, Claude, 34, 37, 40, 52, 165-166
Littré, Émile, 100

Lussault, Michel, 16
Mandelbrot, Benoît, 50-51
Mauss, Marcel, 18-19, 34
McLuhan, Marshall, 23
Merleau-Ponty, Maurice, 20, 33

Nietzsche, Friedrich, 21, 28, 148

Olender, Maurice, 35
O'Neil, Nick, 82

Pracontal, Michel de, 142
Pons, Alain, 25

Rosa, Hartmut, 11
Rosenbaum, Steven, 120

Schmidt, Eric, 158
Schwab, Raymond, 35
Siegel, James T., 159
Simmel, Georg, 159, 164
Steels, Luc, 148
Stiegler, Bernard, 42
Suarez, Daniel, 137

Tufte, Edward, 122
Turing, Alan, 149

Valla, Lorenzo, 35
Viala, Alain, 110
Vico, Giambattista, 25-28, 30, 34, 50, 66

Weil, André, 52

Index thématique

Accélération, 11, 53, 163
Accès, 15, 17-21, 27-29, 32-33, 41, 44, 53, 56, 62-64, 70-72, 81, 87-88, 95, 99, 104-106, 108-109, 111-113, 116-118, 120-122, 125, 127, 129, 131, 133-136, 139
Accessibilité, 19, 26, 30
Activisme, 42-43
Algorithme, 30, 32-33, 114, 116-118, 120, 151, 158
Alissa, 150
Amazon, 50, 129-130
Amitié, 14, 39, 53, 57-104, 125, 167
Annotation, 55, 106, 115-116, 120
Anthologie, 101, 105-138
Anthropologie, 29, 37-38, 40, 49, 52, 166
Apple, 129
Application, 14, 21, 23, 71, 81, 115, 129, 134-135
Archive(s), 10, 26-27, 29, 39, 45, 56, 79, 94, 111, 123, 134, 136, 143-145, 150-156, 160, 162, 164
Architecture, 16, 30-34, 69, 135
Aristocratique, 34
Arrakis, 141
Auteur, 45, 54, 62, 68-69, 93, 98, 107, 110, 114, 116, 118, 120, 124, 128, 136, 145, 152, 155, 157
Autonomie, 14-15, 28, 46, 147-148
Autorité, 28, 35, 41, 46, 48, 69, 105, 110, 137
Avatar, 38, 47, 67-68, 72, 96, 119, 141, 146-150, 155-156

Bien commun, 79, 82, 91
Bot, 149
Bureau, 18

Calcul, 18, 23, 49, 52-56, 74, 83, 91-94, 98-100, 102, 121, 144-145, 165
Catégories, 9, 29, 32-33, 39, 41, 48-49, 53, 56, 88, 93, 124-125, 128-130
Chaise, 18
Cloud Computing, 21, 71, 104, 107-115, 126, 134-135
Code, 30-34, 42, 46-47, 68, 106-107, 138, 148
Collaboratif, 117, 137
Communauté, 22, 49, 74-78, 89-92, 109-110, 116, 125-126, 132-133
Confidentiel, 60, 103, 124-125
Conscience, 147, 149
Contexte, 9, 12-13, 27, 32-33, 44, 50, 74, 81, 95, 109-112, 127, 130-131, 136, 150-152, 164
Copyright, 54, 77, 118
Corps, 15, 17-21, 25, 70-73, 96, 104, 127, 131, 147, 166
Croyances, 41, 76-77, 79

Culture, 9-13, 15, 17-22, 24, 26-34, 36-43, 45, 47-48, 51-56, 58, 60, 62, 64, 66, 73, 75, 77, 80, 84, 87, 93, 95, 97, 99, 103, 106, 110, 116, 118-119, 124, 129, 131, 133, 138, 140, 145, 149-150, 153, 155, 158-159, 161-163, 165-166
Curation, 44, 55, 102, 114, 117, 120-122, 125, 139, 146, 155, 159

Daemon, 137-138
Dialogique, 127
Digital Humanities, 22-24, 128
Données, 14, 17, 21, 24, 33, 38, 61, 67-68, 72, 79, 81, 87-88, 102, 108-109, 116-125, 133-134, 139, 145-146, 152-154, 160
Droits (d'auteur), 54, 77, 93
Dune, 140-141

Économie, 16, 32, 45, 51, 58, 62-63, 65-69, 72, 74, 77, 83, 90-93, 98, 103, 105-106, 108, 138
Emblème, 95, 100-102, 104
Ethnologie, 26, 37
Esprit, 21, 36, 104, 142
Esthétique, 15-16, 30, 32-33, 38, 51, 97, 121, 131, 158-159
Éthique, 16, 25-26, 30, 38, 41-42, 44, 54-55, 74-75, 79, 101, 128, 137, 139, 146, 160
Évaluation, 18, 24, 27, 44, 88, 98-99, 107, 121, 123, 138
Exotisme, 34, 40

Facebook, 41, 50, 59, 64, 72-73, 78-82, 86, 90, 96, 114, 117, 123, 133-134, 159, 163-165
Flickr, 59, 69, 111, 114, 117
Follower(s), 52, 89, 92
Fontfroide, 69
Fragment, 17, 22, 27, 32, 43-44, 69, 85-86, 89, 96, 97, 102, 106, 107-110, 112-116, 119, 124, 132, 134, 136, 152
Fragmentation, 21, 32, 43-45, 107, 109, 124, 126, 130, 133
Freedom, 137-138
Fremen, 141
Friending, 86, 92-93

Géolocalisation, 14, 50, 52, 69, 72, 74, 89, 109
Geste éditorial, 45, 111, 113
Google, 23-24, 56, 122, 129, 134, 157-164

Habitat, 32, 38
Habitus, 30, 64, 70, 109
HAL, 141
Halo, 56, 136
Histoire, 22, 26-27, 29, 35, 40, 55, 61, 113, 126, 128, 131, 136, 139-140, 151-153, 156, 160
Homme variable, 144, 146-147, 165
Humanisme(s), 9-56, 66, 165-166
Humanités numériques, 22, 128
Hybride, 11-19, 32, 49, 70, 73, 87, 89, 119, 121, 131, 135-136, 150-151, 165-166
Hyperréalité, 31

iBooks, 129
Icône, 32-33, 39, 68-69, 95-96
Identité numérique, 58, 65, 68-72, 86, 89-90, 95-96, 98, 102, 107-108, 110-113, 124-125, 134, 149, 152
Image, 14, 19-20, 31-32, 47, 51, 55, 59, 64-74, 86, 91, 95-98, 100-101, 114, 117, 119, 127, 131, 141, 152, 160
Index, 98-100, 107, 114, 119, 157-166
Informatique, 14, 18, 21, 23, 47-49
Imaginaire, 16, 29, 32, 37, 45-46, 56, 61, 134, 137, 139, 141, 146, 150, 152, 163
Intelligence artificielle, 137-138, 148
Interface, 17, 20, 32, 44-45, 56, 59, 71-72, 89, 96, 108-109, 113,

118-119, 125, 133-134, 136, 145, 153, 164
Intime, 16, 60, 63, 73, 97, 103
iPad, 129
iPhone, 19, 129

Jeux vidéo, 137
Jihad, 140-141
Justice, 25-26, 77, 78, 80-81, 83, 91

Lecteur, 19-20, 45, 68, 110-112, 114-116, 124, 137
Légitimité, 12, 81, 110
Lien, 18, 35, 38, 40-42, 46, 57-104, 106, 108-109, 113-114, 122, 125-126, 135, 137, 161, 164-165
Linkedin, 59, 72
Lois de la robotique, 142
Lumières (siècle des), 15, 30

Madame Bovary, 129
Marginalia, 115, 120
Mathesis, 27-28
Mémoire, 26, 39, 54, 132, 140, 143-145, 147-148, 150-155
Mensonge, 143
Menteur, 142-143, 147
Microformat, 43, 52, 162
Miladus, 150
Miniature, 97
Mobile, 14, 18, 44, 70-71, 96, 101-102, 133, 135
Mobilité, 17-19, 21, 71, 131, 135
Mots-clés, 17, 27, 74, 88, 128, 130
Mythe, 16, 26-27, 55-56, 156

Narration (narratif), 54, 113, 131-132, 136
Navigateur, 21, 108, 134-136

Ontologie(s), 69, 74, 88, 107, 111, 120
Opinions, 42, 76-77, 79, 85, 92, 113, 123
Oralité, 20, 26, 35, 127, 131
Orientalisme, 40
Oubli, 26-27, 29, 37, 44, 87, 130, 139-156, 162, 166

Patrimoine, 39, 151, 155
Partage, 15, 37, 44, 58, 60, 62-64, 74, 77-78, 80-81, 83-84, 88-91, 95, 101, 103-104, 106, 109, 113, 115-117, 120, 132, 136
Participatif, 38, 63, 84, 114
Personnalisation, 68, 84, 86, 88, 100, 113, 115-116, 118, 120, 122-123, 133
Philologie, 25-28, 31, 35, 116
Pragmatisme, 15
Privé, 60, 65, 68, 73, 92, 95, 97, 103, 124-125
Poétique, 15, 29, 31
Portrait, 57, 67, 69, 95-97, 100, 102-103
Profil, 67, 86, 115, 119, 129, 163-164
Programmation, 29-30, 32-33, 47
Proximité, 87-88, 90
Pseudo, 83, 96, 148
Public Library of Science (*PLoS*), 99

Qualitatif, 48, 51
Quantitatif, 48, 51, 65, 152
Qwiki, 116-122

Récit, 26, 45, 47, 52-56, 86, 112-117, 119, 122, 126-132, 136-137, 139, 141-142, 144, 147, 163
Recommandation, 51, 64, 74, 87-88, 100, 102, 130, 158
Regard, 10, 19, 26-27, 29, 36-38, 41, 43, 50, 52, 66, 95, 109, 114, 131, 138, 145, 152, 158, 164, 166
Religion, 41-42, 46, 76, 140, 146
Renaissance, 34-35, 40
Réputation, 14, 23-24, 97-101
Robot, 142-143, 146-147
Rugosité, 50-53, 61
Ruse, 143, 147

Sagesse, 27, 43-51
Second Life, 150
Sémantique, 27, 50, 52, 69, 87-88, 107, 111, 120, 162
Sentiments, 76-79, 91
Science-fiction, 15, 47, 118, 136, 139-141, 146
Scholies, 44
Skynet, 141
Sociabilité, 9, 11, 14, 16-17, 22, 24, 28, 30, 39, 47, 49, 52-53, 57, 59-61, 63-64, 66-68, 70-71, 73-74, 77, 79, 81, 83-91, 93, 97-98, 100-101, 104, 107-109, 115, 119, 124-126, 130, 132, 137-138, 158-159, 165-166
Solitude, 70, 83, 85-90, 103, 141
Spatialité, 12, 29, 51, 95, 163, 165
Sphère publique, 65-66, 73, 79, 103
Storify, 113-124, 146
Stories Matter, 126-132
Suggestion, 102, 130, 162
Système d'exploitation, 134

Témoignage, 128, 132
Total Recall, 117, 151, 155
Toucher, 19-20, 70-72, 95-96, 101
Transparence, 30, 42, 56, 64, 143
Tron, 46-47
Twitter, 41, 50, 52, 73, 89, 96, 110, 114, 117, 123, 133-134, 162

Utilisateur, 17, 20-21, 32, 42, 46, 50, 67, 69, 71, 74, 79-80, 82, 89, 100, 108, 113, 115, 123, 126-130, 133, 153-154, 160-164
Urbanisme, 16-18, 21, 29, 70, 73, 109

Virtuel, 14, 16-18, 20-22, 29-30, 32, 38, 61, 66, 70, 73, 109, 119, 131, 137, 146, 150, 166
Visage, 57, 68, 103, 131, 157-166
Visibilité, 23-24, 41, 51, 60, 63-65, 73-74, 85, 87, 89, 91-92, 95-100, 102-103, 143, 154, 159
Visualisation, 51, 55, 100, 102, 121
Voisinage, 50-51, 74
Voir-dire, 132
Voix, 17, 20, 117, 127, 131, 166

Wikipédia, 81-85, 111, 117
Wikileaks, 40, 42
Wolfram|Alpha, 120-122

YouTube, 41, 117

Table

Pourquoi un humanisme numérique ? 9
Le sacre de l'hybride 11
Augmentation et immersion 16
Impératif philologique. 25
Le code, c'est de la poésie 30
Une civilisation numérique 34
De la « sagesse » biblique
au « fragment » numérique 43
Calcul et récit 52

Les liens de l'amitié 57
« Échange » et « partage » 58
Matérialité de l'amitié 62
Économie de l'image numérique 65
Aristote : une psychologie de l'amitié 75
Solitude numérique 85
Sûreté et confiance 91
L'e-réputation 97
Bacon : une thérapeutique de l'amitié 102

Une culture anthologique 105
Nuage « standard » 107
Les algorithmes du libre accès 116
Fabrique de la réalité 118
L'identité : ni territoriale ni généalogique 124

Stories Matter : un projet universitaire 126
Primauté de l'accès 133

Oubli de l'oubli 139
Un rapport quasi mystique 142
Une faille technique 150

L'Index et le visage 157
Les boutons du destin 159
Tous flâneurs 163

Glossaire 169

Index des noms 173

Index thématique 175

L'auteur

Historien du religieux dans l'Occident moderne, Milad Doueihi est titulaire de la chaire de recherche sur les cultures numériques à l'Université Laval (Québec). Il a publié dans la même collection *Histoire perverse du cœur humain* (1996), *Le Paradis terrestre. Mythes et philosophies* (2006), *La Grande Conversion numérique* (2008 ; nouvelle édition augmentée, « Points Essais », n° 667, 2011) et *Solitude de l'incomparable. Augustin et Spinoza* (2009). Ses ouvrages ont été traduits en plusieurs langues.

La Librairie du XXIe siècle

Sylviane Agacinski, *Le Passeur de temps. Modernité et nostalgie.*
Sylviane Agacinski, *Métaphysique des sexes. Masculin/féminin aux sources du christianisme.*
Sylviane Agacinski, *Drame des sexes. Ibsen, Strindberg, Bergman.*
Giorgio Agamben, *La Communauté qui vient. Théorie de la singularité quelconque.*
Henri Atlan, *Tout, non, peut-être. Éducation et vérité.*
Henri Atlan, *Les Étincelles de hasard I. Connaissance spermatique.*
Henri Atlan, *Les Étincelles de hasard II. Athéisme de l'Écriture.*
Henri Atlan, *L'Utérus artificiel.*
Henri Atlan, *L'Organisation biologique et la Théorie de l'information.*
Henri Atlan, *De la fraude. Le monde de l'onaa.*
Marc Augé, *Domaines et Châteaux.*
Marc Augé, *Non-lieux. Introduction à une anthropologie de la surmodernité.*
Marc Augé, *La Guerre des rêves. Exercices d'ethno-fiction.*
Marc Augé, *Casablanca.*
Marc Augé, *Le Métro revisité.*
Marc Augé, *Quelqu'un cherche à vous retrouver.*
Marc Augé, *Journal d'un SDF. Ethnofiction.*
Jean-Christophe Bailly, *Le Propre du langage. Voyages au pays des noms communs.*
Jean-Christophe Bailly, *Le Champ mimétique.*
Marcel Bénabou, *Jacob, Ménahem et Mimoun. Une épopée familiale.*
Marcel Bénabou, *Pourquoi je n'ai écrit aucun de mes livres.*

Julien Blanc, *Au commencement de la Résistance. Du côté du musée de l'Homme 1940-1941.*
R. Howard Bloch, *Le Plagiaire de Dieu. La fabuleuse industrie de l'abbé Migne.*
Remo Bodei, *La Sensation de déjà vu.*
Ginevra Bompiani, *Le Portrait de Sarah Malcolm.*
Julien Bonhomme, *Les Voleurs de sexe. Anthropologie d'une rumeur africaine.*
Yves Bonnefoy, *Lieux et Destins de l'image. Un cours de poétique au Collège de France (1981-1993).*
Yves Bonnefoy, *L'Imaginaire métaphysique.*
Yves Bonnefoy, *Notre besoin de Rimbaud.*
Philippe Borgeaud, *La Mère des Dieux. De Cybèle à la Vierge Marie.*
Philippe Borgeaud, *Aux origines de l'histoire des religions.*
Jorge Luis Borges, *Cours de littérature anglaise.*
Italo Calvino, *Pourquoi lire les classiques.*
Italo Calvino, *La Machine littérature.*
Paul Celan et Gisèle Celan-Lestrange, *Correspondance.*
Paul Celan, *Le Méridien & autres proses.*
Paul Celan, *Renverse du souffle.*
Paul Celan et Ilana Shmueli, *Correspondance.*
Paul Celan, *Partie de neige.*
Paul Celan et Ingeborg Bachmann, *Le Temps du cœur. Lettres.*
Michel Chodkiewicz, *Un océan sans rivage. Ibn Arabî, le Livre et la Loi.*
Antoine Compagnon, *Chat en poche. Montaigne et l'allégorie.*
Hubert Damisch, *Un souvenir d'enfance par Piero della Francesca.*
Hubert Damisch, *CINÉ FIL.*
Luc Dardenne, *Au dos de nos images*, suivi de *Le Fils* et *L'Enfant*, par Jean-Pierre et Luc Dardenne.
Michel Deguy, *À ce qui n'en finit pas.*
Daniele Del Giudice, *Quand l'ombre se détache du sol.*
Daniele Del Giudice, *L'Oreille absolue.*
Daniele Del Giudice, *Dans le musée de Reims.*
Daniele Del Giudice, *Horizon mobile.*
Mireille Delmas-Marty, *Pour un droit commun.*

Marcel Detienne, *Comparer l'incomparable*.
Marcel Detienne, *Comment être autochtone. Du pur Athénien au Français raciné*.
Milad Doueihi, *Histoire perverse du cœur humain*.
Milad Doueihi, *Le Paradis terrestre. Mythes et philosophies*.
Milad Doueihi, *La Grande Conversion numérique*.
Milad Doueihi, *Solitude de l'incomparable. Augustin et Spinoza*.
Milad Doueihi, *Pour un humanisme numérique*.
Jean-Pierre Dozon, *La Cause des prophètes. Politique et religion en Afrique contemporaine*, suivi de *La Leçon des prophètes* par Marc Augé.
Pascal Dusapin, *Une musique en train de se faire*.
Norbert Elias, *Mozart. Sociologie d'un génie*.
Rachel Ertel, *Dans la langue de personne. Poésie yiddish de l'anéantissement*.
Arlette Farge, *Le Goût de l'archive*.
Arlette Farge, *Dire et mal dire. L'opinion publique au XVIIIe siècle*.
Arlette Farge, *Le Cours ordinaire des choses dans la cité au XVIIIe siècle*.
Arlette Farge, *Des lieux pour l'histoire*.
Arlette Farge, *La Nuit blanche*.
Alain Fleischer, *L'Accent, une langue fantôme*.
Alain Fleischer, *Le Carnet d'adresses*.
Alain Fleischer, *Réponse du muet au parlant. En retour à Jean-Luc Godard*.
Alain Fleischer, *Sous la dictée des choses*.
Lydia Flem, *L'Homme Freud*.
Lydia Flem, *Casanova ou l'Exercice du bonheur*.
Lydia Flem, *La Voix des amants*.
Lydia Flem, *Comment j'ai vidé la maison de mes parents*.
Lydia Flem, *Panique*.
Lydia Flem, *Lettres d'amour en héritage*.
Lydia Flem, *Comment je me suis séparée de ma fille et de mon quasi-fils*.
Lydia Flem, *La Reine Alice*.
Lydia Flem, *Discours de réception à l'Académie royale de Belgique, accueillie par Jacques De Decker, secrétaire perpétuel*.
Nadine Fresco, *Fabrication d'un antisémite*.

Nadine Fresco, *La mort des juifs.*
Françoise Frontisi-Ducroux, *Ouvrages de dames. Ariane, Hélène, Pénélope...*
Marcel Gauchet, *L'Inconscient cérébral.*
Jack Goody, *La Culture des fleurs.*
Jack Goody, *L'Orient en Occident.*
Anthony Grafton, *Les Origines tragiques de l'érudition. Une histoire de la note en bas de page.*
Jean-Claude Grumberg, *Mon père. Inventaire*, suivi de *Une leçon de savoir-vivre.*
Jean-Claude Grumberg, *Pleurnichard.*
François Hartog, *Régimes d'historicité. Présentisme et expériences du temps.*
Daniel Heller-Roazen, *Écholalies. Essai sur l'oubli des langues.*
Daniel Heller-Roazen, *L'Ennemi de tous. Le pirate contre les nations.*
Daniel Heller-Roazen, *Une archéologie du toucher.*
Jean Kellens, *La Quatrième Naissance de Zarathushtra. Zoroastre dans l'imaginaire occidental.*
Jacques Le Brun, *Le Pur Amour de Platon à Lacan.*
Jean Levi, *Les Fonctionnaires divins. Politique, despotisme et mystique en Chine ancienne.*
Jean Levi, *La Chine romanesque. Fictions d'Orient et d'Occident.*
Claude Lévi-Strauss, *L'Anthropologie face aux problèmes du monde moderne.*
Claude Lévi-Strauss, *L'Autre Face de la lune. Écrits sur le Japon.*
Nicole Loraux, *Les Mères en deuil.*
Nicole Loraux, *Né de la Terre. Mythe et politique à Athènes.*
Nicole Loraux, *La Tragédie d'Athènes. La politique entre l'ombre et l'utopie.*
Patrice Loraux, *Le Tempo de la pensée.*
Sabina Loriga, *Le Petit x. De la biographie à l'histoire.*
Charles Malamoud, *Le Jumeau solaire.*
Charles Malamoud, *La Danse des pierres. Études sur la scène sacrificielle dans l'Inde ancienne.*
François Maspero, *Des saisons au bord de la mer.*

Marie Moscovici, *L'Ombre de l'objet. Sur l'inactualité de la psychanalyse.*
Michel Pastoureau, *L'Étoffe du diable. Une histoire des rayures et des tissus rayés.*
Michel Pastoureau, *Une histoire symbolique du Moyen Âge occidental.*
Michel Pastoureau, *L'Ours. Histoire d'un roi déchu.*
Michel Pastoureau, *Les Couleurs de nos souvenirs.*
Vincent Peillon, *Une religion pour la République. La foi laïque de Ferdinand Buisson.*
Vincent Peillon, *Éloge du politique. Une introduction au* XXIe *siècle.*
Georges Perec, *L'infra-ordinaire.*
Georges Perec, *Vœux.*
Georges Perec, *Je suis né.*
Georges Perec, *Cantatrix sopranica L. et autres écrits scientifiques.*
Georges Perec, *L. G. Une aventure des années soixante.*
Georges Perec, *Le Voyage d'hiver.*
Georges Perec, *Un cabinet d'amateur.*
Georges Perec, *Beaux présents, belles absentes.*
Georges Perec, *Penser/Classer.*
Michelle Perrot, *Histoire de chambres.*
J.-B. Pontalis, *La Force d'attraction.*
Jean Pouillon, *Le Cru et le Su.*
Jérôme Prieur, *Roman noir.*
Jérôme Prieur, *Rendez-vous dans une autre vie.*
Jacques Rancière, *Courts Voyages au pays du peuple.*
Jacques Rancière, *Les Noms de l'histoire. Essai de poétique du savoir.*
Jacques Rancière, *La Fable cinématographique.*
Jacques Rancière, *Chroniques des temps consensuels.*
Jean-Michel Rey, *Paul Valéry. L'aventure d'une œuvre.*
Jacqueline Risset, *Puissances du sommeil.*
Denis Roche, *Dans la maison du Sphinx. Essais sur la matière littéraire.*
Olivier Rolin, *Suite à l'hôtel Crystal.*
Olivier Rolin & Cie, *Rooms.*
Charles Rosen, *Aux confins du sens. Propos sur la musique.*
Israel Rosenfield, *« La Mégalomanie » de Freud.*

Jean-Frédéric Schaub, *Oroonoko, prince et esclave. Roman colonial de l'incertitude.*
Francis Schmidt, *La Pensée du Temple. De Jérusalem à Qoumrân.*
Jean-Claude Schmitt, *La Conversion d'Hermann le Juif. Autobiographie, histoire et fiction.*
Michel Schneider, *La Tombée du jour. Schumann.*
Michel Schneider, *Baudelaire. Les années profondes.*
David Shulman, Velcheru Narayana Rao et Sanjay Subrahmanyam, *Textures du temps. Écrire l'histoire en Inde.*
David Shulman, *Ta'ayush. Journal d'un combat pour la paix. Israël Palestine, 2002-2005.*
Jean Starobinski, *Action et Réaction. Vie et aventures d'un couple.*
Jean Starobinski, *Les Enchanteresses.*
Anne-Lise Stern, *Le Savoir-déporté. Camps, histoire, psychanalyse.*
Antonio Tabucchi, *Les Trois Derniers Jours de Fernando Pessoa. Un délire.*
Antonio Tabucchi, *La Nostalgie, l'Automobile et l'Infini. Lectures de Pessoa.*
Antonio Tabucchi, *Autobiographies d'autrui. Poétiques a posteriori.*
Emmanuel Terray, *La Politique dans la caverne.*
Emmanuel Terray, *Une passion allemande. Luther, Kant, Schiller, Hölderlin, Kleist.*
Camille de Toledo, *Le Hêtre et le bouleau. Essai sur la tristesse européenne*, suivi de *L'Utopie linguistique ou la pédagogie du vertige.*
Camille de Toledo, *Vies pøtentielles.*
Cesar Vallejo, *Poèmes humains* et *Espagne, écarte de moi ce calice.*
Jean-Pierre Vernant, *Mythe et Religion en Grèce ancienne.*
Jean-Pierre Vernant, *Entre mythe et politique.*
Jean-Pierre Vernant, *L'Univers, les Dieux, les Hommes. Récits grecs des origines.*
Jean-Pierre Vernant, *La Traversée des frontières. Entre mythe et politique II.*
Nathan Wachtel, *Dieux et Vampires. Retour à Chipaya.*
Nathan Wachtel, *La Foi du souvenir. Labyrinthes marranes.*
Nathan Wachtel, *La Logique des bûchers.*

Nathan Wachtel, *Mémoires marranes. Itinéraires dans le* sertão *du Nordeste brésilien.*
Catherine Weinberger-Thomas, *Cendres d'immortalité. La crémation des veuves en Inde.*
Natalie Zemon Davis, *Juive, Catholique, Protestante. Trois femmes en marge au* XVIIe *siècle.*